亀《かめ》の尾《お》の瀧《たき》

島根県出雲市

神域の瀧に顕現した〝虹龍〟は幸運の暗示

「出雲大社 北島國造館」の庭園にある心字池に注ぎ込む「亀の尾の瀧」。写真を撮ると、偶然にも虹とともに龍の姿が顕現。龍神様は成功や発展をもたらすといわれ、写真に写ると運気が上昇し、夢や目標の実現を手助けしてくれるのだとか。

写真／彌彌告

出雲大社《いづもおおやしろ》（神迎神事《かみむかえしんじ》）

島根県出雲市

古より脈々と受け継がれる神々を迎える伝統神事

全国の八百万の神々が出雲の地に集まる旧暦10月10日、出雲大社西方にある稲佐の浜で御神火が焚かれ、神々をお迎えする「神迎神事」が行われる。静寂が支配する夜の神事は、神々の存在を感じることができる貴重な時間。

写真／彌彌告

倉《くら》岳《たけ》神《じん》社《じゃ》

熊本県天草市

願いを真っ直ぐに届けてくれそうな天空の神社

古来より天草の人々が漁や航海の安全を祈願し、信仰対象として仰ぐ、天草諸島最高峰の倉岳山頂に鎮座する倉岳神社。山頂からは360度のパノラマの眺望が楽しめ、まるで空に浮いているような“天空の鳥居”はフォトスポットとしても人気。雄大な自然を背に瞑想すれば、運気もアップ！

昇《しょう》仙《せん》峡《きょう》

山梨県甲府市

自然の偉大さに畏怖を覚える巨大な石のアーチ

巨大な花崗岩に囲まれた天然のアーチ「石門」。国の特別名勝にも指定され、「日本一の渓谷美」といわれる観光の名所。かつては修験道の行場であった霊山である昇仙峡全体がパワースポット。

写真／御嶽岩

座禅岩（地蔵菩薩《じぞうぼさつ》磨崖仏《まがいぶつ》）

山梨県甲府市

写真／彌彌告

悟りの境地に辿り着ける座禅岩で瞑想を

鎌倉末期に禅寺・棲雲寺を開いた業海本浄和尚によって刻まれたといわれる地蔵菩薩像。近くには「座禅石」と呼ばれる大きな岩があり、当時の禅僧たちは、この岩の上で悟りの境地に辿り着いたという。この上で座禅を組めば、その真理に近づけるかも。

軍《ぐん》刀《だ》利《り》神《じん》社《じゃ》

山梨県上野原市

写真／彌彌告

別世界へと誘うような深い山中に佇ずむ鳥居

日本武尊東征に由来する剣を祀った軍刀利神社。奥の院には御神木の大桂がそびえ立ち、ご神域にはただならぬ“気”を感じる。かなり強力なパワースポットなので、ここぞという勝負時に、この地の気をいただくために訪れたい。

塔《とう》ノ《の》岳《たけ》

神奈川秦野市

山頂から望む
富士山のパワーを一身に浴びて

都心からのアクセスも良い丹沢山系の塔ノ岳は、山の〝気〟をいただく「スピ登山」にぴったり。山頂に到達した時の達成感と相模湾から富士山まで見渡せる眺望は格別で、お弁当と一緒に塔ノ岳と富士山のパワーをいただこう。

写真／彌彌告

出羽《いでは》神社《じんじゃ》（三神合祭殿《さんじんごうさいでん》）

山形県鶴岡市

写真／彌彌告

出羽三山を巡る修行で新しい自分へ生まれ変わる

羽黒山に鎮座する、出羽三山の神々を合祀した出羽神社。朱色の柱や極彩色の彫刻が美しい社殿は、国内最大級の茅葺屋根の建物で国指定の重要文化財。雪が舞う無音の世界を体感するには、月山と湯殿山が閉山する冬季こそ訪れたい。

三《みつ》峯《みね》神《じん》社《じゃ》

埼玉県秩父市

日本オオカミの信仰が残る
霧深い秩父の山中に鎮座

〈右〉この地全体がパワースポットとなっている山頂の三峯神社奥宮。〈左〉三峯神社は全国でも珍しい、オオカミを祀っている神社。霧は神使である狼の霊気とされ、霧が深いほど歓迎されている証といわれている。

写真／彌彌告

納

長《は》谷《せ》寺《でら》

奈良県桜井市

重要文化財の登廊（のぼりろう）。平安時代の長暦3年（1039 年）に春日大社の社司・中臣信清が子の病気平癒の御礼に造ったもので、百八間、三九九段、上中下の三廊に分かれている。下、中廊は明治に再建され、長谷型の灯籠が趣のある雰囲気を醸し出している。

写真提供／@ masazy_hokkaido

然別湖《しかりべつこ》

北海道河東郡鹿追町

アニメ映画のワンシーンのような幻想的な景色が広がる

アイヌの聖地で「天空の湖」とも称される然別湖。そこでＳＮＳを中心に話題となっているスポットが「然別湖湖底線路」。国内有数の透明度を誇る然別湖の湖底に線路が消えていく様子は、神秘の世界へ誘うかのよう。

石垣島《いしがきじま》・マングローブ林《りん》

沖縄県石垣市

写真／彌彌告

大いなる自然に溶け込み地球の一部へと還る

地元の人しか知らない、野性動物が死に場所を求めて辿り着く終焉の地。鬱蒼とした森の中にいると時間や場所の概念もなくなり、大自然に溶け込むような不思議な感覚に陥る。輪廻転生を感じさせるパワースポット。

香《か》取《とり》神《じん》宮《ぐう》

千葉県香取市

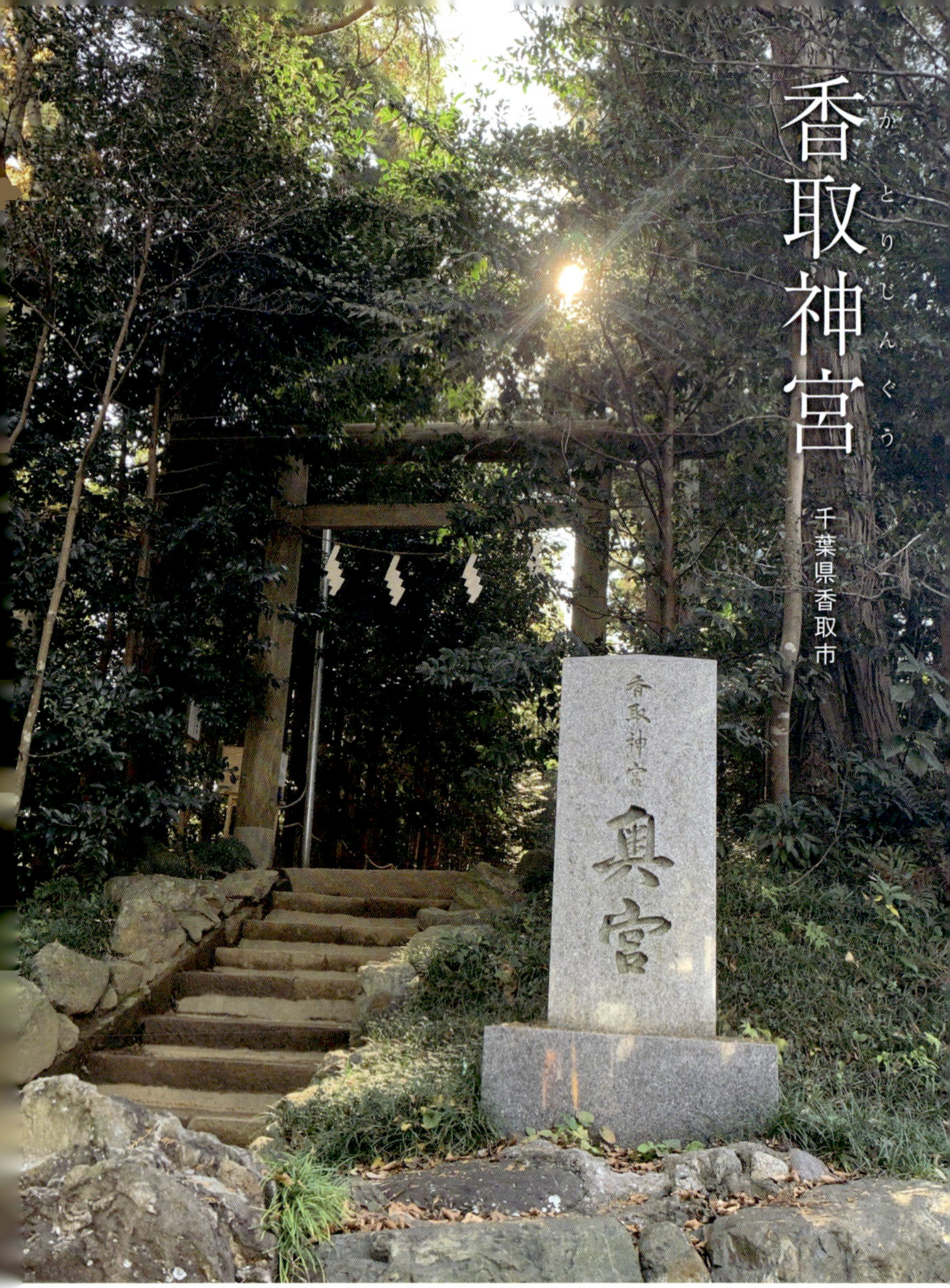

写真／彌彌告

人生のリスタート時に訪れたい、関東屈指のパワースポット

茨城県の鹿島神宮・息栖神社と合わせて東国三社と呼ばれ、関東を代表する神社。「意を決する場所」としても知られ、仕事運やこれから新たなスタートを切る時に訪れたい。

鹿《か》島《しま》神《じん》宮《ぐう》 茨城県鹿嶋市

写真／彌彌告

国家鎮護の神を祀る、東国最古にして最強の開運スポット

水上鳥居としては日本最大といわれる鹿島神宮の一之鳥居。日本建国・武の神様である「武甕槌大神」を御祭神とする由緒ある神社だ。香取神宮のご祭神「経津主大神」と関係が深いため、あわせて参拝するとより運気が上がるとか。

真《ま》脇《わき》遺《い》跡《せき》

石川県鳳珠郡

日本版ストーンヘンジ!?　UFOが降臨しそうな異空間

縄文時代前期～晩期まで、約4,000年にわたり縄文人が長期定住したという集落遺跡。未だ謎に包まれる巨大な柱列「ウッドサークル」が発見されたこの地は、何とも説明し難いエネルギーを感じる異空間だ。

写真／麻由古

倍運になる本

運を二倍上げていくための
神社旅《スピたび》

彌《み》彌《み》告《こ》／麻《ま》由《ゆ》古《こ》

目次 CONTENTS

索引　INDEX

北海道・東北地方

然別湖・弁天島（北海道）……18、76
秋保神社（宮城県）……164
金華山黄金山神社（宮城県）……152
鹽竈神社（宮城県）……84
瑞鳳殿（宮城県）……175
出羽三山神社（出羽神社（三神合祭殿）／月山神社／湯殿山神社）（山形県）……12、80
山寺（宝珠山立石寺）（山形県）……178

関東・甲信越地方

鹿島神宮（茨城県）……23、166
赤城山（群馬県）……62
川越氷川神社（埼玉県）……147
三峯神社（埼玉県）……14、86
香取神宮（千葉県）……22、182
成田山新勝寺（千葉県）……90
大國魂神社（東京都）……179
烏森神社（東京都）……163
小網神社（東京都）……154
増上寺（東京都）……171
日枝神社（東京都）……158
待乳山聖天（東京都）……92
叶神社（神奈川県）……94
寒川神社（神奈川県）……96
塔ノ岳（神奈川県）……10、62
走水神社（神奈川県）……174
金櫻神社と昇仙峡（山梨県）……6、98
軍刀利神社（山梨県）……9、167
座禅岩（地蔵菩薩磨崖仏）（山梨県）……8
彌彦神社（新潟県）……102

北陸・東海地方

白山比咩神社（石川県）……168
須須神社（石川県）……110
真脇遺跡（石川県）……24、184
來宮神社（静岡県）……104
伊射波神社（三重県）……108
猿田彦神社（三重県）……180
椿大神社（三重県）……156

近畿地方

鞍馬寺（京都府）……112
平安神宮（京都府）……116
安井金比羅宮（京都府）……172
撿《サ》拓《ム》撿《ハ》揩《ラ》神社（大阪府）……176
住吉大社（大阪府）……118
大神神社（奈良県）……120
大和神社（奈良県）……122
長谷寺（奈良県）……16、150

中国・四国地方

一畑薬師（島根県）……162
出雲大社（島根県）……2、136
出雲大社・北島國造館（亀の尾の瀧）（島根県）……1、142
稲佐の浜（島根県）……142
命主社（島根県）……142
神迎の道（島根県）……142
真名井遺跡（島根県）……142
万九千神社（島根県）……124
八重垣神社（島根県）……144
田村神社（香川県）……155
八栗寺・聖天堂（香川県）……159
鳴無神社（高知県）……148
唐人駄馬遺跡（高知県）……128

九州・沖縄地方

太宰府天満宮（福岡県）……183
與止日女神社（佐賀県）……170
宇佐神宮（大分県）……160
鵜戸神宮（宮崎県）……151
阿蘇神社（熊本県）……146
倉岳神社、倉岳（熊本県）……4、62
幣立神宮（熊本県）……130
石垣島・マングローブ林（沖縄県）……20、184
波上宮（沖縄県）……134

※本書で紹介している神社仏閣の御祭神の名称については、各神社仏閣の公式見解に基いた表記方法にしているため、同一神でも呼称や漢字、フリガナの表記が異なる場合があります。詳しくは各神社仏閣の公式ホームページをご覧ください。

1章

今の時代を生き抜く
開運キーワード
「倍運」とは？

何かと不安定なこの世の中で、時代の波に乗ってよりHAPPYに生きていくには、“運”を味方につけることも大切です。西洋と東洋、180度違うアプローチをしている占い師の彌彌告と麻由古だからこそ考案できた、開運よりさらに2倍、3倍の運を掴み取る「倍運」テクを伝授。

倍運はこうして誕生した！

西洋占星術とタロットを得意とする彌彌告と方位学や易など東洋占術のアプローチをしている麻由古。一見相反するように思える占いの世界に身をおく者同士が組んでいることも不思議ですが、そんな2人の出会いと「倍運」誕生のきっかけを紐解いていくと…。

彌彌告 改めて考えると、なんか不思議だよね。占い界隈でも2人組はあまり見ないし。

麻由古 特に東洋×西洋はあまりないですよね。同じ系統や流派で組むとかはありますけど。

彌彌告 そもそも麻由古先生が、お客さんとして占いに来てくれたのがきっかけだったよね。

麻由古 そうです。新型コロナウイルス感染拡大時、いろいろ思うところがあり、何か始めようと思ったんです。漢方も好きだったので、漢方か占い、どっちにしようか迷っていたら、漢方薬剤師の幼なじみに「今から大学に行くつもり？　漢方はそんなに簡単なものじゃない」と怒られて（笑）。それで、長年趣味でやっていた占いの方をやってみようかなと。

彌彌告 もともと東洋占術ベースだったよね。

麻由古 学生時代に四柱推命をかじっていて、ただ独学だったので、この機にきちんと体系化したいと思ったんです。それまでは得意芸みたいな感じで、会社で「社長の今週の運気は」など、会話をもたせるツールとして使っていました。接待で話題に困ったら、手相を見たり、動物占いしたり。占いはネタとして盛り上がるし、便利だったんですよね。知人はデータを取りやすいし。
改めて占いを勉強しようと教室に行ったら、四柱推命に関しては結構内容を把握していて。そんな時、占い教室の仲間にタロットをすすめられたんです。でも、私はタロット占いを全然信じていなくて、人を見て適当に話術でやっているだけだと。

彌彌告 なんか適当に話を合わせて、良さげなことを言ってみたりとか？

麻由古 そうです。ある種接客業みたいなイメージ。私は直感や霊感みたいな目に見えない世界をまったく信じていなくて、がっつりロジックで出したい派だったんですよね。怪しいの嫌い！みたいな。でも、百聞は一見に如かず。一度体験してみようと思って、「代官山　タロット」で調べて出てきたのが彌彌告先生。しかも、当時住んでいた家からも近かったんです。
そして試しに行ってみたら、もうこれは信じるしかない！　という素晴らしい鑑定で、感銘を受けてしまったんです。「占い師になりたいんですけど、家族がそういう世界、カルトとか宗教っぽいのが嫌いだから、どうすればいいですかって？」と尋ねた時の答えがストンとハマって。

今でも覚えているんですけど、「THE FOOL（愚者）」という、可能性の塊、自由という意味を持つ大アルカナと、「ACE of PENTACLES（ペンタクルのエース）」というお金を生み出す能力のカードが出て。これ以上わかりやすいカードはないと。要はお金を生み出すことが出来れば文句は言われない。趣味でオカルトに走るのは賛成できないけど、仕事にするならOK。わかりやすいじゃん、って言われたんです。そして、私がタロットを習うのはどうかを占ったら「運命の輪が回ります」と。

彌彌告 「WHEEL OF FORTUNE（運命の輪）」という、急激に運命が好転していくという意味のカードが出たんだよね。

麻由古 それでもう「ヤバイ！」と。自分で引いたし、タネも仕掛けもないじゃないですか。その場で「私、習います！」と言って、弟子入りさせてもらったんです。

彌彌告 麻由古先生は、占いの素養がもともとあったんだよね。学生時代からやっていたから基礎はあるし、トークも上手だし。あとはタロットの解釈の仕方を教えれば全然行けるな、と思っていたんだけど、ただ最初は笑っちゃうぐらい緊張していたよね。

麻由古 はい（笑）。タロットはライブ感があるので、人の心に刺さりやすいのが最初怖くて。東洋占術はどちらかというと統計学系の話だったけど、タロットは自分との会話じゃないですか。

彌彌告先生の解釈で言うと、高次元の自分やご先祖様など、自分を守ってくれている人が、何かメッセージを伝えたくて起こしている事象なんだよと。

彌彌告　（ペンを落として）これさえも本当はサイン。まあ「インターステラー」の世界だよね。

麻由古　「タロットはそれを可視化してるだけだから」と、すごくナチュラルな感じで。現実味がありつつ程よくスピリチュアル要素もあり、そして底抜けに明るい。私が思っていた、占い師＝怪しく、あちらの世界の住人、というのが全然なく、すごく自然にマッチしました。で、そうこうしているうちに占い師デビューをさせていただき、今に至る感じですよね。

彌彌告　そうそう。その後に一緒に神社に行くようになったりしてね。

麻由古　話すと長くなるから割愛しますが、出雲の万九千神社で参加した神事中に、白昼夢のような不思議な体験を一緒にして、そこで私たちが昔も師弟関係だったことが分かったりもしましたね。あまりこういうこと言うとオカルトっぽく聞こえちゃいそうで嫌ですけど。

彌彌告　二人とも怪しいのは嫌いだけど、スピリチュアルな体験はたくさんするしね。そして、お互いの占術への変なプライドもなく、むしろ教え合える関係。一緒にいるうちに、西洋占星術と東洋占術、**１８０度異なるアプローチの中にある共通の〝いいとこ取り〟をしたら、きっと運気もさらに上がって、もっとＨＡＰＰＹになれる！**と考えたことが「倍運」誕生のきっかけです。

倍運の定義とは？

彌彌告 「倍運」とはズバリ、**「不安定なこの世の中で、運を積重ね、掛け算していこう」というメソッド。** 相次ぐ地震、経済の停滞や年金問題など、先行き不安だったりする中で、運を掴みたいと思う人は多いはず。先程もチラリと言った、私が得意とするタロットや占星術など西洋の占いと、麻由古先生が得意とする方位学や易など東洋の占いを掛け合わせたら、運気が倍になると考えたんだよね。ここから「倍運」という言葉が生まれました。

麻由古 **開運でなく、倍運！** というのがポイントですよね。二人だからできた掛け合わせ。

彌彌告 組み合わせとしても面白いよね。東洋と西洋という、言わば真逆のアプローチの占術をやっている人が一緒に組むこと自体が珍しいし。一人でどちらの占いもできますという人はいるけど、それぞれが専門分野を持ち、お互いの見解を重ね合いながら運を倍に上げていく方法を導き出す、というのはあまりいないはず。

麻由古 両サイドから見て良いことをする、**〝いいとこ取り〟というおいしい感じも今っぽい。1つでも良いことなのに、さらに掛け算することでもっと良くなる！** という。

東洋と西洋の〝いいとこ取り〟をしよう

彌彌告　私は**占星術は宿命論**だと思っていて。宿命は〝宿す命〟と書くように、この世に命を宿した瞬間から、生まれた日や場所が変えられないのと一緒で、基本的にその人の持って生まれたもの、才能や性質、得意、不得意などが大体決まっているという考え方。そのベースをさらに生かしたり、不得意な部分をカバーする方法を示す占い。星の運行も読むことで、ある一定の時期に起こりやすいことや気を付ける点などもわかったりする。

その点、**タロットは、自分のロジックでは運命論**。「宿命は変えることができないけど、運命は変えられる」とよく言うけれど、宿命は誕生日と一緒で変えられない。でも、運命は自分のアクション次第で変えることができるんです。人間は何十年間か生きると、やっぱり生き方のクセがついてくる。人生はチョイスの連続で、例えば左、左と選ぶクセがついているなら、行きつく先は左。だから、タロットで悪いカードが出たときは、このまま生き方も考え方も行動も変えなかったらこうなりますよ、というアラートなんだよね。そうならないために、タロットに聞く。自分にはなかった選択肢を選ぶことで違う分岐点を見出し、今まで左だった未来に違う未来が生まれ、どんどん未来が開けていく。運命は〝運ぶ命〟と書くように、自分の命をより良い方向に運んで行くという考え方。なので、タロットは運命論に似ているかなと。

普遍的な動き方の参考になる占星術と、自分はどう動けば幸せになれるかっていうタロット、この2つの定義が違うものを掛け合わせることによって、より精度が上がっていくというのがあり、タロットだけだとどうしても今のアクションになっちゃうから。何年後にこういう波があるから、ここに向かってこういう風に行こうよ、みたいなのが合わさるとやっぱり相性がよくて。この2つの占術だけでも「倍運」といえるかもね。

麻由古　そうですね。東洋はというと、私は**天気予報とそこに与えられた課題**だと思っています。現在、運気の天気予報は曇り時々雨だから、じゃあ傘をさして行くのか、行かないのかとか。冬がないと春にならないから、寒い時期は我慢して家にいましょうとか。上手くやり過ごす方法を伝える、そういう暦や天気を読んでいるのと一緒なのかなと考えます。

あと、私は悪いことも宿題だと思っていて。良いことしか聞きたくないという人がいますが、大きな目で見ると、どちらもその人にとって必要な要素であって、魂の研磨や成長からすると、良くないことも宿題として入っているから、向き合う必要があると思うんです。宿題でこういうエネルギーがきているから、今はそれを消化しようね、と。避けずに逆らわずに粛々とこなすことで、その課題をクリアすることができるんですよね。

彌彌告　東洋の考え方はやり過ごすというか、波風立てないようにするところがあるよね。やっちゃいけないことが多い気がする。この時期はダメだとか、あっちに行くなとか、こっちもダメとか。もうそれだけでフラストレーション(笑)！　私は行きたいんだよ！　って思っちゃう。なので、私は東洋は自分の気質に合わなくて避けた部分があったけど、麻由古先生と組んでから、行くための手段や方法など、ちゃんと抜け道があるということを知って苦手意識が軽減したんだよね。

麻由古　私は真逆ですね。ここに行くなとか、これをやりなさいとか、こうすると開運とか、言い切る感じが好きなんです。**占術はある意味、〝戦術〟だと思っていて、武将が勝つための作戦。**私は状況を分析して、あらゆることを試したいタイプなんです。その点、東洋占術は現実的なルールや方針を示してくれるので、それをマッチングさせていけばいい。

　逆に西洋って、私からするとすごく哲学的。例えば「あなたは豊かさのイマジネーションの中にいます」と言われると、「で、どうすればいいの？」と思っちゃう。「結局、私は何をすれば？」と。彌彌告先生に出会うまでは、実はすごく苦手でした。

彌彌告　どちらも一長一短あるしね。でも西洋×東洋の掛け合わせが生み出す〝いいとこ取り〟は、苦手部分をカバーして有り余る倍運効果があるよね。

日本人らしい「中庸」もキーワード

彌彌告 先日たまたま見た神社庁のメッセージが「中庸」だったんだけど、**中庸も一つのキーワードかも**。偏りがなく調和がとれていることって、まさに日本人らしい言葉だと思わない？ 先程の西洋と東洋の話もそうだけど、ほどほどがちょうどいい感じとか。

麻由古 確かに。「中庸」とはちょっと意味が違いますが、良いものは何でも取り入れて自分たちの文化にしてしまう、日本人の気質に合っている言葉。象徴的なのが、クリスマス（キリスト教）のあと、除夜の鐘（仏教）を聞いて、初詣（神道）する、みたいなことですよね。他の国ではあり得ないですもんね。どちらかと言うと、日本人お得意の「都合のいいとこ取り」ですけど。

彌彌告 そうそう。宗教さえも、いいところだけを取り入れてしまうという寛容さ。良い意味でのこだわりのなさと言った方がいいのかな。

麻由古 「西洋占星術と東洋占術、良ければ別にどっちでもいいじゃん」って感じですね。

彌彌告 どちらにも偏りすぎず、でも良い部分は積極的に取り入れてちょうどいい塩梅に。中間、中庸、柔軟に、そして貪欲に「運」を上げていきたいよね。

自分が整わないと掛け算にならない！

彌彌告　二人でよく話しているけど、**自分のベースとして持っている運を上げたうえで掛け算していかないと倍運の効果が跳ねない**よね。つまり、**ゼロにいくら掛算しても結果はゼロのまま**というか。私たちはこれを**「基運」を上げる**、と言っているんだけど。

麻由古　そうですね。たまにお客様に「パワースポット巡りをしているのに何も起こらない」とか言われますけど、ただパワスポに行けばいいと思っている方は意外と多いです。やっぱり**自分自身を整えてから行かないと、いいものもなかなか入りにくい**。手っ取り早いのは、縁切り。ネガティヴなものに引っ張られると、良いものの約3倍影響が出てしまうんです。だからこそ、まずは自分自身を整えること。**整えてからプラスαすることで倍運になりますし、断然効果も感じます**。

彌彌告　そうそう。世の中に引き寄せの法則や開運のテクニック本などが数多くあり、もちろん効果があるから売れているのだと思うけど、自分が整っていないのに手法だけ取り入れても、そこまで大きな効果が出ないんじゃないかな。例えば、すごくネガティブなのに行動だけポジティブにしても、元がマイナスだとゼロになるだけ。プラスの効果は得られないというか。

麻由古　**開運効果を2倍、3倍にしようとした時に大事なのが、ベースとなるもの**ですよね。土台がグラグラしていたり、汚れていたりする時に、上辺の体裁だけ取り繕っても×1の効果しか生まれにくいかも。でも、ベースの部分をきちんと固めたうえでプラスオンしたら、開運の行動自体がそもそもいいものだから、何倍にもなるはずですよね。

倍運を手に入れるために始めたいこと

彌彌告　そんな「基運」を上げ、倍運効果をさらに倍々にするためには何から始めるべきなのか？その答えは、ズバリ**掃除と断捨離！**　日々の生活を大切に丁寧に過ごすことで、基運が整って倍運効果が感じやすくなります。家全体の掃除でなくても、メイクツールをキレイに洗うとか、着なくなった服を誰かにあげるとかだけでも基運がアップ。また、意外と忘れがちな携帯のデータ整理も効果的です。

麻由古　家の掃除は基本ですね。物が多すぎると、気が淀んで悪いものが溜まってしまうので。また、「笑う門には福来たる」と言いますが、よく笑うことは大切。そして悪口を言わない。縁は人からもらうものなので、明るく挨拶をする、といった当たり前がとても重要です。

さらにお墓参りをするなど、ご先祖様にきちんと感謝の念を伝えることも忘れずにいたいですね。

彌彌告　そうそう。お墓参りが状況的にできない人でも、自分のルーツであるご先祖様に感謝する気持ちが大事というか、心の在り方をちゃんとするというか。そうすることで。「気」が良くなって、運気がどんどん上がっていくと思う。

麻由古　そうなんです。**とくに日本は「気」の文化なので、「気」に敏感になることが大切**だと思っていて。例えば「元気、勇気、やる気、人気、陰気、陽気。気持ち、気遣い、お気に入り」など。こうしてパッと例をあげただけでも、こんなに出てくるくらい私たちになじみ深いもの。「気」が入った言葉はパワーがあり、目に見えなくても、人にものすごく影響を与えるんです。

なかでも「お気に入り」は大事。自分が好きだという気持ちは圧倒的にエネルギーが高いので、いつも元気でいられるように「お気に入り」に囲まれるのもおすすめです。エネルギーが高いと自分の「気」を高めることができ、自分自身が整うのはもちろん、身を守ることにも繋がります。だから、最近流行りの「推し」を持つことって、実はいいことだと思うんです。

彌彌告　日本人が持つ「気」の文化って、なんか面白いよね。「空気を読む」とか、「気を配る」とか。心の在り方ということなんだろうけど、そういう考え方は西洋思想にはないから、改めて聞くと面白いしすごく興味深い。

麻由古 でも実は今、「気」を溜められない人が多くて。受け身での情報過多による疲労、内観することなく、ただ過ぎていく時間。そのせいで、どんどん気が流れ出てしまうんです。

だからこそ、行ってほしいのが神社仏閣。**神社仏閣は「気」を溜めることができる非常に良い場所**なんです。そこで目を閉じて深呼吸するだけでも自分が整いますし、悪いものが浄化されて流れ出ていくので、神社に行くだけでありがたい効果があります。最も高く強いエネルギーである神様に会いに行き、心穏やかになり、自分の波動も高くなる。そして良い現実を引き寄せる。おまけにキレイにまでなれちゃう（笑）。日本には、こんなありがたい場所がたくさんある、すごく恵まれたところに住んでいる、ということを改めて思い出してほしいですね。

彌彌告 確かにそうかも。神社仏閣には神様からのご利益をいただく、いわゆる「開運」目的で行く人が多いけど、運「気」を上げるということは、本来はそういうことだよね。日常で溜まってしまった邪を祓い、良い気を取り入れることで自分自身も整っていく。

麻由古 ほかにも、気が滞らないように毎朝窓を開けて換気をする、気の出入り口である玄関を拭き掃除する、塩風呂や日本酒風呂で悪い気を浄化するなど、日々の生活の中でできる、いわゆるツキを育てる習慣はたくさんあるので、そういったちょっとしたことの積み重ねで基運を整えていくことが倍運への近道ですよね。ポジティブなエネルギーを蓄積するというか。

彌彌告　そのうえで、神社などの開運スポットに行くと、めちゃくちゃ効果を感じられるはず。麻由古先生と出会ってから、**自分の運気が良い時期と良い方位を掛け合わせて訪れているけど、倍倍倍運くらいになっている**のを実感している(笑)。

麻由古　確かに！　程度の差はあれど、必ずと言っていいほど、その旅の最中にミラクルが起きていますよね。二人で一緒に行くと、特にそれを感じます。彌彌告先生×私×二人が行う倍運行動だから、もう何倍になっているのかわからないくらい運気が上がるからなのかも(笑)。

彌彌告　スピ（リチュアル）旅の倍運効果、すごいよね。

麻由古　この本を出すことになったのも、スピ旅のおかげかも!?

彌彌告　さっき話していた日本人のいいとこ取りじゃないけど、基本的に良いとされていることは全部やった方が良いに決まっているわけだし。1つだけでもすごく運気が上がる行いを、2つ、3つと組み合わせたら、こんなにパワーアップしちゃう！　というのが、倍運の基本の考え方。いろいろな切り口の倍運テクニックがあるので、倍運を学んで日々の生活に活かすことで、人生をより良いものにしてもらえたら最高です！

Column 1

今日から始める「倍運」How to

1つだけでも良いものだけど、2つ掛け合わせて行うことで相乗効果が生まれます。なかでも日常で取り入れられそうな倍運テクをご紹介します。

塩風呂 or 日本酒風呂 × アロマキャンドル

お風呂に天然塩もしくは日本酒を入れ、照明を落としつつアロマキャンドルを灯して瞑想しましょう。自分の行くべき方向性が浮かび、すっきりとクリアな思考へと導きます。

銅製のコップ × 吉日にご神水を飲む

銅は金と同じと書くため、銅製のコップで一粒万倍日や寅&己巳の日にご神水などパワーのある水を飲むと、体に金の気をなじませることができて金運がつきます。

お守りや天然石を下着の中に入れる × お墓参り

ほかの霊から守ってもらいながら先祖との繋がりを強化する倍運行動。懐にあるお守りや天然石を意識しつつ、いつも以上に自分へと脈々とつないでもらった家族の縁を感謝すると守護力がアップします。

南天の実 × 身代わり札

乾燥した南天の実と一緒に身代わり札を持ち歩くと、最強の厄除け守りに。昔から言われる難を転じる南天と、災厄の時に身代わりになってくれる札があれば倍の効果があります。

ご神水 × 天然石

土地の名水や御神水をいただいてきて、天然石エリクサーを作ると浄化パワーが拡大します。エリクサーとは、天然石に御神水を浸して天然石のパワーを水に転写した液体のこと。邪を祓って浄化する作用があるので、嫌な気を感じた時などにスプレーすると効果的です。

断捨離 × 柏手

柏手には、神様を呼び、邪気を払う効果が。掃除や断捨離をする前に、部屋の四隅に柏手を打ってから始めると、スムーズに進みます。さらに、日本酒を数滴入れた水や、エリクサーなどで浄化してから行うと3倍効果に!

玄関の掃除 × 新月&満月

新月に玄関の掃除を済ませたあと日本酒を数滴入れた水で水拭きすると、外から新しいエネルギーをもたらす呼び水に。また、満月にはお清め塩(なければ天然塩でもOK)を入れた水で水拭きすると、家に満ちた幸運エネルギーが外の邪気からガードしてくれます。

2章

2024〜2026年までの
3年間の動きを詳しく解説

今の時代と倍運

パンデミックに端を発した働き方改革、勃発する戦争や止まらない円安など、相次ぐ未曽有の出来事が続く昨今。「予測不能な時代」「不安定な時代」などと言われますが、そんな激動の時代を私たちはどう過ごせばいいのか。各々の観点から見た時代の動きと生き方の指針をご紹介します。

新たな時代がスタートする〝始まりの年〟

2024年の3月20日（春分の日）は、東洋の暦の上でも、西洋占星術の観点でも始まりの年、新時代の始まりの年と言われています。まずは東洋的観点から聞いてみると……。

麻由古　2024年は、東洋占術でいうと「甲辰　三碧木星」の年。**暦の上で新しい10年がスタートします。新たな10年の幕開けですね。**

2019年は新型コロナウイルス感染症の流行で強制的に「個（人）」にさせられ、いわゆる「風の時代」の序章を感じる出来事がありました。さらに2022年は「個」の洗い出しをさせられ、2023年は「個」の道筋を考える一年に。これまでの社会をガラリと変えるというのが、ここ数年の流れ。今までの常識や枠組を打ち破るようなことが次々と起き、自分自身の内面や生き方など、各自の「個」が洗い出されることに。ある意味「浄化」がキーワードだったんですね。

そして新たな10年が始まる2024年は、**新しい生き方、新しいことを始めてくださいという一年に**。また、三碧木星が示すのは東。太陽が昇る方角なので「物事の始まり」を意味します。

2024年運勢図

天　外の力 → 甲

地　外の力 → 辰

運勢　環境との調和

運気　どう生きるか

人　自力 → 三碧木星

2024年干支「甲辰」

甲　2024年　個のスタート年

乙

丙

丁

戊

己　2019年　コロナで強制的に個に

庚　2020年

辛　2021年

壬　2022年　個の洗い出し

癸　2023年　個の道筋を考える

干支の考え方

十干

甲（きのえ）
乙（きのと）
丙（ひのえ）
丁（ひのと）
戊（つちのえ）
己（つちのと）
庚（かのえ）
辛（かのと）
壬（みずのえ）
癸（みずのと）

十二支

子（ね）
丑（うし）
寅（とら）
卯（う）
辰（たつ）
巳（み）
午（うま）
未（ひつじ）
申（さる）
酉（とり）
戌（いぬ）
亥（い）

2026年 年盤　一白水星

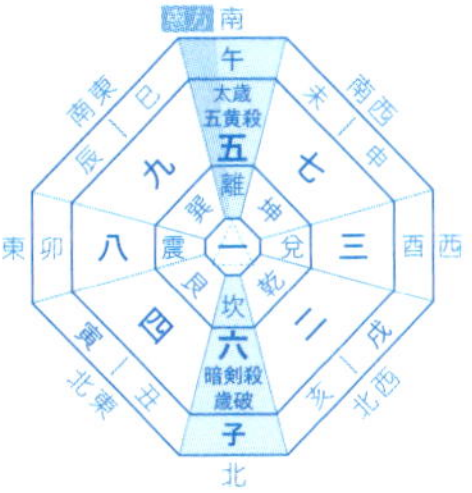

2025年 年盤　二黒土星

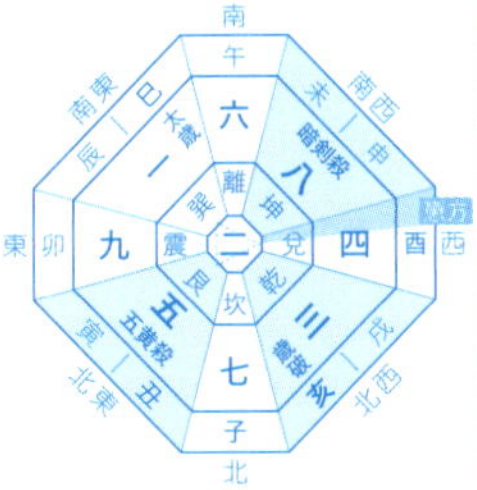

2024年 年盤　三碧木星

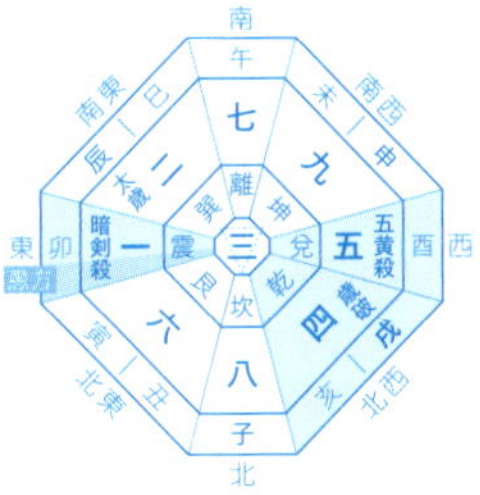

三碧木星

三碧木星は五行の「木」に属し、木のなかでも「発芽」「若木」。勢い良く成長していく活動的な様子を表すため、変わりやすさ、激しさ、若々しさなどの意味を持ち、若者・成長・発展・躍進・積極性などを象徴します。また「振動」といった意味もあり、地震や火山活動、雷を表します。

干支と十干《じっかん》十二支《じゅうにし》

「干支」は、正しくは「十干十二支」と言い、甲、乙、丙、丁…と続く「十干」と子、丑、寅、卯…「十二支」を組み合わせたもの。「干」と「支」を合わせて「干支」という言葉になっています。最初の「甲子（きのえね）」「乙丑（きのとうし）」「丙寅（ひのえとら）」と順に続き、60通りあるため六十干支と呼びます。これが一巡すると60年（還暦）となります。もともと陰陽五行説という古代中国の思想や易から発生した暦法上の用語で、年月日を表す暦を始めとして、時間、方位、事柄の順序などに用いられます。

彌彌告　西洋占星術でも今年は冥王星が本格的に水瓶座に移行し、本当の風の時代のスタートに！

麻由古　こういうのが面白いですよね！　点と点をつなぎ合わせてハマっていく感じが。

　暦の読み方をもう少し詳しく説明すると、大きく「天・地・人」と分けることができます。天の流れが十干なので「甲」、地の部分は十二支で今年の干支の「辰」です。そして人の部分が「三碧木星」。これが、今年の運気とか、エネルギーの流れを表すものになります。

　この中で最も影響力が強いのは「甲」の部分。一番上の天の力です。十干のスタートなので、新しく何かを始めるのに最適な年に。また、「甲」は五行の「木」にあたるので、上へ上へと真っ直ぐ伸びる一年になりますが、甲冑や甲羅という意味もあるので、硬い殻を貫くような努力をしないといけません。個の芽を出し、１本の木として自立するような心づもりが必要です。

　地の部分の「辰」は、天へと駆け上がる力強さや躍動感をイメージ。また、振動の〝振〟のつくりになっているように、動く、揺れるという意味があります。辰は土の五行なので、書き換えという意味も含みます。最近、頻繁に地震が起きていますが、今年から来年にかけて少し心配です。

　そして、最後は人の部分。「三碧木星」の象意は「雷」で、変わりやすさ、激しさ、若々しさなどの意味を持ちます。具体的には電気、音、スピード、振動、若者、成長など。なので、やはり地震や雷雨など天災が心配。電気と相性がいいので、新しい電化製品が出るかもしれません。

このように、まずは大きな流れの中で生きているということを自覚すること。天も地の力も、自分ではコントロールできない力。でも、人の部分は変えられます。自分の行動や在り方だったり。**大きな時代の流れの中で自分がどう生きるべきかを再認識し、今後の行先をきちんと決めて、そこに向かって動き出すことが重要**です。「これ！」というものを決められるかどうかが開運の分かれ目に。ただ、スタート直後なので激動の年になります。今まで一緒だった家族に、急に違和感を感じ、別れを選ぶ人も多いでしょう。厳しい環境でも芽吹く木のように、強い気持ちで自分をグッと押し上げることが重要です。**何かに固執したり、しがみついたりしていると運をつかめません**。

東洋の考え方では大宇宙の法則をもとに〝人間小宇宙〟。地球に起きていることは、自分に起きていることと一緒です。そんな中で自分は生かされていることを意識しながら、自分自身にフォーカスして「個」を確立すること。**視座を上げて自分を俯瞰して見るようにすることも大切**です。

また、自分の在り方がすべてを作るので、ネガティブな言葉じゃなく、愛のある言葉を人に使うこと。「個」を強めるのは「我」を強めることではなく、むしろ個々を認めることです。まわりはみんな神様だと思って敬愛の気持ちで接すると、自分にも愛のエネルギーが入ります。実は、それが自分を強めるのに一番効果があったりします。そうやって古いものや執着を捨て、目標に向かってチャレンジしていきましょう、という一年になります。

大きな惑星の大移動がある激動の時代

彌彌告 西洋占星術（ジオセントリック）で年単位の動行を占おうとすると、意外と難しくて。東洋でいう暦どおりに「今年はこういう年です」みたいに言い切れない複雑さもあるんだよね。

麻由古 そうなんですか？ 逆に面白いですね。

彌彌告 西洋占星術は「星読み」といって星の運行を読む方法なので、星の移行を年単位できっちり区切るのが難しい。ただ、２０２４年は大きな星の変動があります！ 時代を反映するといわれるトランスサタニアンという３つの天体の中で、一番注目すべきなのが冥王星の動き。冥王星がここ何年かずっと山羊座と水瓶座を行ったり来たりしていたんだけど、これを星の順行、逆行と言って、その逆行していた冥王星が11月に完全に水瓶座に移行。それが２０２４年の11月20日。２０２１年末頃から「風の時代」の到来はクローズアップされてきたけれど、実はここから本格的な風の時代に突入すると思っていて。

麻由古 ここ数年、誰もかれも「風の時代が～」って、言っていましたよね。

彌彌告 そうそう。そんな「風の時代って？」と、初耳の方も含め、おさらいをすると…。

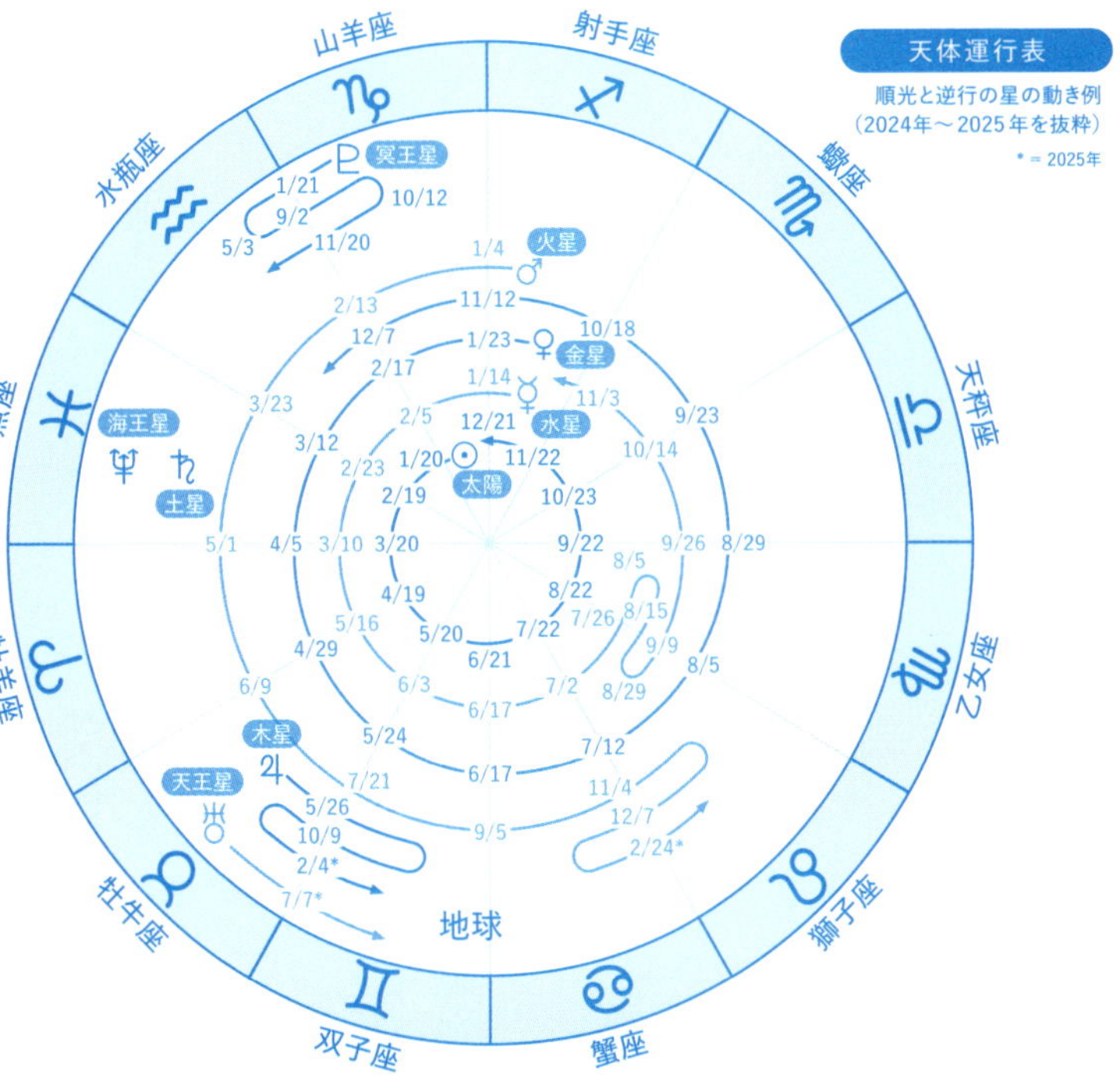

トランスサタニアン

天王星、海王星、冥王星のことで、土星（サタン）よりも遠くに位置する天体を指します。動きがゆっくりなため大きな時代の流れを読むのに適し、各々テーマをもっています。

天王星：あらゆる概念を書き換える変革をもたらす。

海王星：ものごとの制限を超え、理想を拡大させていく。

冥王星：避けることのできない大きな変容をもたらす。

風の時代

西洋占星術では、12 星座を火（牡羊座・獅子座・射手座）、地（牡牛座・乙女座・山羊座）、風（双子座・天秤座・水瓶座）、水（蟹座・蠍座・魚座）のグループに分類。「地の時代」は不動産やお金など、形あるものに重きがおかれる物質主義、「風の時代」は情報や科学、伝達、知識が重視され、形のないものが意味を持つようになります。

星の順行、逆行

西洋占星術では地球を中心に考えるため、地球から見ると他の天体が逆戻りに動いているように見える現象を星の逆行と言い、宇宙を運行している天体の進行方向が逆戻りになるわけではありません。順行は同じ方向に進むこと。星読みには10の天体がありますが、太陽と月を除くすべての天体が逆行します。

冥王星が20年近く居座っていた山羊座は「土の時代」と表され、この時代に大事なことは大地を踏みしめ育むように、コツコツと段階を踏んで段取りや根回しをする行動が成功の鍵。また、お金の稼ぎ方もそれに近いパターンが成功してきた傾向があって。一方「風」というものは、形を持たずどこでも自由に行き来でき、目に見えないもの。さらに水瓶座は革新的で常識を嫌い、新しいもの好きという性格も重なり、そんな時代に完全移行する今年からは、**今まで常識だと思っていた価値観が根底から覆されたり、個の在り方が変わってくるため、柔軟な思考と行動が必要に。土の時代の象徴だったお金の在り方や仕事の成功の仕方が、決定的に変わる**かも。

麻由古 今までの常識が覆るという辺り、東洋と一緒ですね！

彌彌告 東洋でも西洋でも、大きな時代の流れが一致するのが面白いよね。

　山羊座の性質は真面目でコツコツ、ステップアップ方式。そうでないと逆に成功しなかった。でも風の時代になると、０→１００みたいな、成功までの努力の過程を飛ばして成功できる時代に突入。私はワープって呼んでいるんだけど、**夢の叶い方なども段階型ではなくワープが可能に。**わかりやすく言うと、ＹｏｕＴｕｂｅやＳＮＳなど、昨日まで無名だった人が一晩で有名人に！みたいなこと。風の時代に入っていたから今までももちろんあったけど、完全移行後はこの流れがさらに加速。逆に言うと、それについていけない人や変化に順応できない人は置いて行かれる時代に。昔は良かったとか、あの時代はこうだったとか言っていると、完全に置いて行かれます。何でも柔軟に対応し、取り入れたりしていかないと、これからの生活にかなり支障が出ると思う。「これからの世界は二極化する」と言われているけど、その二極化の正体って何？　と考えたときに、この時代の波に乗れる人乗れない人みたいなのがあるなと。

麻由古　個人だけでなく、組織や会社など、世の中全体がそうなっていきますよね。

彌彌告　そういうこと。それを脱却できない会社はどんどん淘汰され、例えどんなに大企業でも今までのやり方を変えられないと、ここから先は本気でどうなるか分からない時代に突入します！

風の時代に生き残るためにするべきこと

彌彌告　**執着やこだわりを捨てること**、そこに尽きると思う。今まではこのやり方で成功したとか、そういうのが一切なくなると思った方が良さそう。それが加速していくのが２０２４年の11月以降。あり得なかったことがいろいろ起きます。その予兆が、某大手芸能事務所の崩壊とか。

麻由古　昔では考えられなかったから驚きましたが、**隠されたものが明るみに出る時代**なので、起こるべくして起きたのでしょう。パワハラやセクハラ問題は、非常にわかりやすい例。

さらにいろんなことが起きそう。もしかしたら貧富の差とかが出るかもしれないですね。

彌彌告　二極化って、そういうことだと思う。あまり暗いことは言いたくないけど、逆に夢もある。昨日まで無一文だった人が一晩で億万長者みたいなことが、本当に起こる時代なわけだし。

麻由古　人生を逆転できる可能性がありますね！

彌彌告　それで言うと、お金の価値が薄まる可能性も。現金を使う機会が少なくなり、目に見えない数字化してくるので、扱い方に慣れたり、情報を取りにいくことが必要に。もともと山羊座が支配していた土の時代はお金が象徴。資本主義的なモノが象徴で、それが大きく変化します。

麻由古　お金がすべて仮想通貨になったりするとか？

彌彌告　ありえるかも（笑）。でも、すべてが仮想通貨になるという話じゃなくても、実はＳｕｉｃａやＰａｙＰａｙなど、実際手元にお金があるわけではない、数字としての概念の電子マネーを、既にお金として使っているよね。

麻由古　確かに。韓国や中国ではお賽銭もＱＲコードで支払うといいますよね。電子マネーだとありがたみが減るイメージがあって、日本ではなかなか進まないという話も聞きますが。

彌彌告　「そんなものを使うなんて！」ではなく、「そんなものでも使う」という気概や柔軟さが必要だと思う。さまざまな常識が変わってくるはず。実体がないものの価値が上がってきたり。

麻由古　「モノよりコト」じゃないですが、目に見えないものが価値を生み出していますしね。

彌彌告　**今までの常識や枠組みを打ち破り、驚くべき変化を引き起こす**こと。冥王星の移行はそれくらい大きな話。ちなみに、前回の水瓶座への移行が起きたのは、248年前なんだよね。

麻由古　248年間続くとなると…日本では江戸時代くらい？　資本主義が変わっちゃうかも!?

彌彌告　確実に変わると思う。崩壊してもおかしくない。実は前回、冥王星が水瓶座時代のど真ん中に起きた象徴的な出来事がフランス革命。貴族社会が崩壊するなんて誰も想像できなかった、天地がひっくり返るくらいの大事件なわけで。それぐらい衝撃的な出来事が、本来は起きるはず。

麻由古　「個」の時代がくるという前触れなのかも。変容を意識するということが大切ですね。

彌彌告　そうそう。今まさに天地がひっくり返る時代に突入してます！　ということ。そういう意味では寛容さも求められる。だから、**固定概念と思い込みを捨てなくちゃいけない**んだよね。

麻由古　**執着はNGですが、変化を伴う形の思い込みは必要**ですよね。「絶対これじゃなきゃダメ！」みたいな思い込みは捨てた方がいいけど、「これを現実化するんだ！」という強いイメージを持つことは大切。その塩梅が難しいですが、そのためにも視座を高くすることが大事ですね。目標を高く定め、意志を持ってそこに行くと決めていると、ほかの現実的なことも叶うので。

彌彌告　ワープして一足飛びで幸せを手に入れるために、必要なことを取捨選択しないとね。

2025年は見えない繋がりの強化がカギ

麻由古 2025年は「乙《きの》巳《とみ》 二《じ》黒《こく》土《ど》星《せい》」の年。チャレンジ、根を張るという運気です。

2024年で大きな体制、社会のルールや働き方、教育が崩されたり、見直されたりしたと思いますが、2025年もその流れに沿い、引き続き時代の変化を求められます。そして、「国や社会に頼れないし、個を固めなきゃ！」となっている中、各々の花を咲かせるには、**個の力を強めつつも根本部分で人との繋がりを求める一年**に。身内はもちろん、今まで接点がなかった同じ価値観の人との繋がりを求め、今までの血縁や同郷、職場から、見えない部分での繋がりが強固になります。そういう相手がいない人は少し心細く感じるかもしれませんが、今よりもコミュニティが活発になり、好きなコミュニティを選べる時代になります。つまり家族は自分で選ぶ時代に。

また二黒土星のキーワードが「家族」ということもあり、**家族のようなコミュニティを作ることが幸せのカギ**になります。みんなが見えないものの繋がりに慣れシフトチェンジしていきます。

彌彌告 こちらも似たような星周り。2025年は木星が6月から1年間蟹座に移行し、共感力や仲間意識に注目が集まる年に。蟹座のエネルギーは好き嫌いで判断、エコ贔屓ＯＫだから、より共鳴できる人や場所を求めていい風潮に。まさにコミュニティのことだよね。愛すべき人や場所、物を探し、集団の中の個を活かして自分の可能性を広げて行くと良い方向に。

また、見えないものの繋がりの話でいうと、3月～10月に魚座から牡羊座に移行する海王星の動きがピタリとハマる！　海王星は目に見えないクリエイティブやスピリチュアルといった分野に影響し、**癒しの時代からより能動的にアクティブな時代へ**と突入します。ただ、牡羊座は12星座のスタートの星座なので、激動という部分では天変地異や争いも起こりやすくなるかも。牡羊座の支配星は火星なので、火のエネルギーが強過ぎるとこういったことも隣り合わせに。

麻由古　天変地異で言うと、巳年は蛇の年なので引き続き地震も心配なんです。

彌彌告　この合致はちょっと怖いね。本気で地震に気をつけないとかも。

海王星は得体の知れない不安も煽る一方、目に見えないからこそクリエイティブやスピリチュアルな面が頭角を表すもの。牡羊座の情熱とエネルギーが混じりあい、冥王星の「風の時代」と重なって、具現化していないバーチャルな芸術の分野が生まれたり、表現方法も多様化しそう。

麻由古　こちらでもテクノロジー事業がよく伸びる年とあり、新たな技術革新が花開きそうです。ただ、近年は一気にスターダムに上り詰める動きが多かったのですが、厳しい状況に耐え、何度でもチャレンジできるかということが試されそう。抵抗に耐えて革新し続ける人が求められます。

2026年はテクノロジーが進化して新人類が誕生!?

麻由古 では、また私から。2026年の暦は「丙午《ひのえうま》　一白水星《いっぱくすいせい》」。「丙」は「炳（あきらか）」を表し、ここではっきり**二極化が明確になるよう**です。住んでいる星が違うのかと思うほど華やかで幸せパワー全開の人と、精神が崩壊してしまう人に分かれそう。天災や自殺などネガティブなキーワードも出ています。あと、「丙午」で忘れてはいけないのが出生率の落ち込み。

彌彌告 確かに、ニュースになりそう。特に芸能人のこの年の出産の話とか話題になりそうだね。

麻由古 未だにこんな迷信が騒がれるのも不思議ですよね。女性政治家の動きも注目され、さらに女性優位な社会へ。そして、ジェンダーフリーも進みます。

とにかく両極端な一年となりそうです。2024年に出てきた大きな体制の崩壊のような、今まで隠されてきたことがすべて明るみになりそうです。コンプライアンスももっと進み、昔は良かったとか愚痴をこぼしていた人たちも減り、時代が変わったことが常識化しそうです。

彌彌告 占星術では極端を通り越して激動な感じだね。2026年は4月に天王星が牡牛座から双子座に移行し、また、前年まで順行・逆行を繰り返していた海王星が牡羊座に完全に移行する。

魔界や規格外の世界を意味するトランスサタニアンすべての星が、次の星座に移行を完了。エレメントが「火」と「風」だけになるため、吹き上げる熱風！　まさに激動の時代に。
天王星は改革や覚醒を促し、独創的な時流を巻き起こす星。双子座の特性とも相まって、AI世界の発展が考えられないほど加速しアバターが横行。隣の人はもしかしてアバター？　みたいになる可能性も。また言語の翻訳技術によるボーダレス化が進むことも予想されるのでグローバル化がさらに拡張し、国境を越えてビジネスが広がるかも。人類の覚醒自体も期待できるため、テレパシーも当たり前なんて世界になってもおかしくない。**すごい革新的な世界になっていきそう**。

麻由古　こちらでも、科学進歩により世界で驚くような赤ちゃんが誕生するかもと出ています！

彌彌告　となると、テレパシーの使える赤ちゃんとか!?（笑）　そして、木星が2026年6月〜翌年7月まで獅子座に移行。支配星に太陽をもつこの星座は華やかな個性を育むのが得意。よくも悪くも個性が目立ってきます。ここまでの3年間。一体、何回「個」と言ったか？

麻由古　私の方とも合わせると、すごい数になりそう（笑）。

彌彌告　集団意識からの解放と激動の時代を恐れるのではなく、**自分の可能性や想像がすべて目の前に形となって現れる**、そんな魔法のような時代が到来。なりたい自分を見つけ、そして実行できるか。運は2倍3倍が当たり前！　倍運を実践しワクワクしながら新時代を迎えましょう。

Column 2

“スピ登山”に行こう！

日本人は森羅万象に神聖なものを感じ、大自然を古来より信仰の対象としてきました。なかでも国土の7割以上を山地が占める日本は、山そのものを霊山として神聖視する山岳信仰が強く根付いています。また、風水でも大地から隆起した山脈は「龍脈」と呼ばれ、強大なエネルギーが流れているパワースポットとされています。
そんなスピリチュアルなパワーのある山に登って、良い〝気〟をもらうのが「スピ登山」。暦の最強日や星の運行が良い日にスピ登山をすると倍運に。また、頂上で何か食べるのがおすすめ。食べ物と共に山の〝気〟を取り入れることで強運グセがつきます。

写真／彌彌告

塔ノ岳

神奈川県北西部に位置する丹沢山系のひとつで標高1,491m。かつては修験の場であり、江戸時代には庶民の間で「大山詣」が盛んになったとか。都心から交通の便が良く、スピ登山にぴったり。比較的緩やかな大倉から塔ノ岳山頂を目指すコースがおすすめで、富士山や相模湾の遠望や眼下に広がる街の眺め、豊かな自然も魅力です。富士山のパワーまでWチャージして。

DATA
住所：神奈川県秦野市、愛甲郡清川村、足柄上郡山北町
行き方：小田急線渋沢駅からバスで大倉下車、もしくは秦野駅からバスでヤビツ峠下車

写真／彌彌告

赤城山

日本百名山の一つに数えられ、富士山に匹敵する長い裾野が美しい赤城山。古くから山岳信仰の対象として崇められ、多くの神話や伝承が語り継がれている神の山です。初心者から中級者まで楽しめる豊富なハイキングコースがあり、四季折々の景色を満喫できます。山頂付近には御黒檜大神も祀られており、お参りすれば、山と神社の掛け合わせで倍運に!

DATA
住所：群馬県前橋市富士見町赤城山
行き方：JR前橋駅から赤城山方面行きバスで赤城山ビジターセンター下車

写真提供／天草市観光振興課

倉岳

天草上島の南東部にあり、天草諸島最高峰（標高682m）。山頂には漁や航海の安全を祈願して建てられた倉岳神社が鎮座しています。眼下に広がる八代海や有明海の穏やかな海や御所浦の島々の眺望は、まさに絶景。雄大な自然を全身で感じながら、山と海からのパワーをいただいて。車でもアクセスできますが、あえて麓から自力で登りたい。

DATA
住所：熊本県天草市倉岳町棚底
行き方：熊本市から車で約2時間40分　https://kumamoto.guide/spots/detail/12468

3章

倍運を掴むために覚えておきたい神様とのコミュニケーション能力を上げる方法

人生を変えるきっかけや勝負の分かれ目など、せっかく巡ってきたチャンスをものにするには、そのことに気づけるかどうかが重要です。「神の思し召し」じゃないけれど、神様からのサインを見逃さないようにするためにするべきことをご紹介します。

大事なことは3回メッセージがくる

彌彌告　**神様って、大事なことは、3回メッセージを送ってくれる**と思うんだよね。
例えば、私が占い師になったきっかけの時もそう。中学生の頃、友達と遊びで始めたタロットが占いとの出会いで、相談に来る同級生も多かったんだけど、生気を吸い取られるというか、すごく疲弊することに気づいて封印。以来、趣味程度に仲のいい友達を占うぐらいだったの。
転機は、3・11の東日本大震災。武士が3日3晩夢枕に立ち、私に何かを一生懸命語りかけてきたので、これはさすがに何かあると思い、その当時お付き合いのあった霊能者の方にお願いして視てもらったら、その武士が「人を助けたい」と言っていると。実はその霊能者の方からも「あなたは能力が高いのに、何でそれを人のために使わないのか」とずっと言われていて。

麻由古　すごい話ですね。それは昔から言われていたんですか?

彌彌告　その方には数年前から言われていたんだけど、でも私は普通に仕事があって働いていたし、あえて不確かな道に行く必要もないから、やりたくなかった。助けたいと言われても、どうしたらいいのかわからなかったし。その時は、それで一日終わり。

ほかにも霊能者の知り合いがいたんだけど、占いの話をしたことないのに、その人にも薦められたので、全然やる気がないことを伝えると、私の前世が占い師で、その人がバックアップしているから、あなたの占いは当たるはずだからやればいいのに、と言われて。これが2回目。

3回目は霊能者でヒプノセラピストの女性から。そのヒプノセラピー（催眠療法）を受けた時に、あの夢枕の武士が現れ、また「助けたかったんじゃ」と泣きながら訴えられて。その方にも占いで人を助けたらと勧められ、その時に初めて「私は素人だし、本を見ながら占いをする程度でプロになれるなんて思えないし、やれる気がしない」と本音を言えたんだよね。

麻由古　彌彌告先生にもそんな時代があったとは。

彌彌告　そうそう。あくまで趣味だったから。でも3回同じようなことを言われた時、さすがに少し考えようかなと。極めつけは、帰り間際に呼び止められて「占い師名は〝みみこ〟が良いって言ってますよ」と言われ、これはもう逃げられないなと。それで、私の占い師名が彌彌告《みみこ》なんです。

麻由古　それはもう完全に運命ですね(笑)。ちなみにチャンスは一度切り、ともよく言われますよね。

彌彌告　経営者の方は、そう言う人が多いよね。でも私の感覚だとそこまで厳しくなくて、大体3回くらい同じようなことが起きる。神様のサインだろうな、みたいな出来事が。それでも気付かなかったり、自分を変えなかったりすると、チャンスを逃す傾向があるんだよね。

第六感はみんな持っている

麻由古 神様からのサインに気づけるか否かで言うと、霊感などそういう素養がないと、難しいのでは？　と言われることも多いですよね。私も良く聞かれます。

彌彌告 それが難しいところで、素養はあった方がいいに決まっているんだけど、ただ私が思うに、人間は本来みんな素養を持っていると思うんだよね。いわゆる第六感というもの。脚が速い人も遅い人もいるように、そのレベルの話で、鍛えればある程度磨かれるし。

麻由古 確かに。勘が鋭い人っていますしね。そっちにチャンネルを合わせないだけで。

彌彌告 そうそう。その「チャンネルを合わせる」というのがすごく重要。というのも、私の親友がどんどん霊感が強くなるのを実感していて、「見えないけど、何かいるらしい」という感覚が入ると、段々と見えるようになってくるんだよね。いないという目線と、いるかもという目線は全然違って、**感覚としてはラジオのチューニングを合わせていくイメージ**。昔で言うと、ザーっとノイズだったのが、合わせていくほどクリアになる感じで、そうやって信じていなかったことを信じるようになるだけで、感じる能力が急激に上がっていくんだよね。

スピハラ、スピマウントに注意

麻由古　彌彌告先生が他の人と違ってすごいのが、圧倒的に現実的で明るいところ。こういう能力を持っている人ってスピリチュアルに傾向しすぎると、先生みたいに明るくなりにくいんですよ。そういう〝スピ好き〟な人ほど、「そこに霊がいる」とか脅したり、人を振り回したりしますよね。

彌彌告　たまに私も中二病みたいなこと言ったりするけどね（笑）。霊体験はたくさんあるので、その手の話をしようと思えばいくらでも出てくるけど、あえて怖がらせる必要もないかなと。

麻由古　こういう感じがあんまりいないです。「ご先祖様が怒っている」とか言う人が多いですし。

彌彌告　そういうのに対して、「脅しは良くないな」って思っちゃうんで。

麻由古　たまにすごく怒る時がありますよね？　そういう**スピマウンティングしてくる人**に対して。私たちは**「スピハラ（スメント）」って呼んでいる**んですけど、スピハラする人って、大抵「あなたの後ろに霊がいます」とか「このままだと死ぬよ」みたいなこと言ってきますよね。

彌彌告　その人が見えてないとか、すべて嘘とは思わないけど、ただ繋がっている次元の層が低いと、脅してきたりするパターンが多い気がする。

麻由古 どこと繋がっているかとかに結構左右されますよね。高次元じゃない存在と繋がっている場合は要注意。それでも点と点が合ってしまい、信じちゃう人もいますよね。

彌彌告 昔で言うところの狐憑きとか、動物霊と繋がっているような人は少し怪しいかも。ずる賢い人を〝女狐〟とよく言うけど、実は男女共にいる。色仕掛けで相手を制しようとしたり。

麻由古 見分け方としては、大抵変な脅しをしてくる人は避けた方がいいですよね。「〇〇しなきゃダメ」とか。その最たるものが霊感商法ですけど。

彌彌告 お金じゃない時もあるから厄介だよね。親切な振りをして人の心の弱みにつけ込んでくるような人もいる。「私の名刺にはパワーがあるから持っていなさい」と渡してきたり。

麻由古 まさにスピマウントの典型！ 気を付けたいですね。

神様からのサインを見逃さないために

彌彌告 話が反れたけど、直感や霊感がある人でないと神様のサインに気付けないことはないし、キャッチ能力を上げることはできます。例えば、神社やパワスポなどを意識的に回るだけでも、能力値が上がっていくはず。先程言ったチューニングを合わせていく感じで、研ぎ澄まされていく。

麻由古　そうして〝気づき〟の力、神様とのコミュニケーション能力を上げていく感じですよね。

彌彌告　ただ一つ言えるのが、**神様って善悪がないんだよね。善悪の判断をしているのは人間**で。受け取る側からすると、手厳しい内容も割とある。なので、神様のサインと聞いて、いいことばかり言ってくれると思っていると、見誤ることもあるので注意が必要だよね。

麻由古　確かに。例えば、「この子の能力を最大限出させるにはこうしたら焦って頑張るだろう」みたいな試練が起きますよね。運気がいい時にチャンスがきても、能力を活かさず怠けていると強制終了されたり。**人生で起きる良い悪いすべては次の課題のための布石で、神様目線での人を活かすための采配**。その宿題をこなすと、やっとその先にあるテーマに辿り着ける。「鑑定で運気がいいと言われたのに、悪いことが起きた」と思う人がたまにいますが、悪いことも含めて全部メッセージ。そう考えたときに、じゃあ何のメッセージ？　と考えるのが大事ですよね。

彌彌告　捉え方の問題。めちゃビッグなことが起きると言われると、いい風に考えがちだけど、それは体調不良かもしれない。それだけをみるとネガティブだけど、このことがきっかけで人生が変わったならビッグなこと。その出来事がなかったら何も変わらなかったかもしれないしね。

麻由古　物事をポジティブに捉えるのはいいことですが、何でも都合よく変換して「私は大丈夫」と、物事を見て見ぬふりをするのは危険。依存しすぎず、人の話に耳を傾けることも大切ですね。

彌彌告 身近にある気づきで言うと、おみくじがわかりやすいかな。例えば、一日に2、3か所の神社を回ったりした場合、私は行く先々全部でおみくじを引くんです。大吉や凶など、みんな出た結果ばかり気にするけど、実はそれよりも大事なのは中身。というのも、引いたおみくじを全部並べてみると、不思議なくらい同じ言葉が入っていたり、表現方法は違うけど実は同じことが書かれていたり、起承転結のストーリーになっているように見えたりなど、神様がおみくじを通してメッセージを送ってくれていたりする。それが今、一番注意喚起されることや、逆に応援される言葉だったりするんだよね。

麻由古 神様のサインへの気づきですよね。**きっかけを見失わないようにすることや、自分の周りで起きていることを信じることでコミュニケーション能力をあげる**というか。

彌彌告 それで言うと、カバラですごく面白い本があって、その本の冒頭に『この本は誰もが手にすることができるけど、この本の内容を理解できる人間は数少ない』って言葉が書いてあったんだよね。誰にでも門戸は開かれているけど、それをちゃんと自分なりに落とし込んだり、追求したりするかはその人次第と。これはすごい真理だと思って、ちょっと感動した。

麻由古 これぞ、まさに神様からのメッセージ！

彌彌告 ただ何でもかんでも意味づけるな、ということも言えるから、さじ加減が難しいけどね。

麻由古　何でもかんでもお告げだっていうのも違いますしね。

彌彌告　その境界線がすごく難しい。アンテナはやっぱり張っていないと気づかないし。それに気づける＝神様とのコミュニケーション能力がある、ということ。さっき「神様は大事なことを3回知らせてくる」と言ったけど、それが立て続けに起こるのか、数年の単位で起こるのかは人によって違うし、その内容のレベルの高さによっても変わるというのもあるしね。とにかく、今起こっている出来事をしっかり自分の思考で考え、判断していくことが必要だと思う。

麻由古　**神様とのコミュニケーションを上げる方法としては、「基運」を上げるということも大切ですよね。自分を整えることで、良い〝気〟、つまり神様のパワーをキャッチしやすくなります**し。

彌彌告　そうだね。第1章で述べた掃除や断捨離、笑顔や挨拶など、基本的なこともそうだけど、なかでもご先祖様との繋がりであるお墓参りは大事かな。忘れないことが一番の供養だから、実際にお墓参りに行けなくても、手を合わせて感謝の念を伝えるだけでもいいと思う。お世話になった方々、飼っていたペットなどでもOK。自分を守護する力が高まると繋がりやすくなる。

麻由古　あとは体のメンテナンスもですよね。体は神様からいただいているものなので、肌を整えたり、清潔でいることも大切。言葉遣いも、相手への思いやりを忘れていないかなど。

彌彌告　神様だってきっと、礼節があってキレイにしている人にチャンスを与えたいよね。

倍運旅に出かけよう！

麻由古　そんな**「基運」を上げるのにぴったりなのが、自分を浄化し整えてくれる〝運地〟**。活力をもらえて行動を後押ししたり、応援してくれたりしますよね。日本にはたくさんのパワースポットと呼ばれる場所がありますが、有名ではなくても、近くの自然あふれる場所やわけもなく何度も足を運んでしまう場所などが、自分にとっての運地の可能性がありますよね。

彌彌告　**必ずしも神社仏閣とは限らないから、自分だけの運地を探すといい**よね。

麻由古　そうですね。ただ、最初は神社が一番わかりやすいかもしれません。特に土地の神様である氏神様はご挨拶に行った方がいいですね。どこかわからなければ、神社庁で調べられますし。

彌彌告　私はここ一年ほど新月に氏神様にお参りしている。日々の出来事の感謝と御礼参りをすることで段々運気が上がっているんだよね。

麻由古　吉方位や、その年の恵方の場所に行くのもいいですよね。

彌彌告　パワースポット巡りをするなら、旅行のスケジュールをきっちりし過ぎないのもポイント。おすすめの場所を教えてくれるなど、必ずそこの土地にメッセンジャーがいるので、その声に柔軟に対応できるくらいの余裕を持っておくといいかも。意外と神様がちゃんと導いてくれるんだよね。あと大事なのが、行く先々全部の神社でお願い事はしない方が良いかも。というのが、神様に願いを叶えてもらったら、必ず御礼参りをした方がいいので、全国各地の神社でお願いしたら、叶った時になかなか行けないこともあるので、お願い事や祈祷する神社を決めておくのがおすすめ。私もたくさん神社に行っているけど、ご縁があって参りましたとご挨拶させてもらってる。

麻由古　確かに、私もしないですね。お願い事をする神社は、氏神様や目的のご利益がある神社に。また、明らかにほかと違うぐらい心地良く感じる神社は、自分の〝運地〟な可能性が高いので、そういった神社に限定した方が神様と連動しやすいですね。NGなのが、ついで参り。例えば、娘の安産祈願がてらついでに自分のお願い事をするとか。人に対しても失礼ですよね、私もついでにお願いしますという姿勢は。あと、写真を撮るために立ち入り禁止区域に入ってしまったり。

彌彌告　最近、畏れを失くしてきている人が多いのが少し気になるかも。SNSの普及で線引きがなくなってきているというか。神様をいい意味で畏れ、礼節を持って接する。それが神様に対して敬意であり、守ってくれている存在に対して失礼にならないことが大事だよね。

麻由古　そうそう、ちゃんと畏れを持って接するべき！　神様を敬う気持ちを忘れずに「倍運旅」をすることが、神様とのコミュニケーション能力を上げるための第一歩に繋がりそうですね。

Column 3

倍運旅の心得 10

ただ運地に行くだけではなく、掛け合わせることで効率よく運気を得て、開運効果が2倍3倍にアップ！　出掛ける前と現地で実践すべき旅の心得はこちら。

1 自分を整えてから運地に行く

マイナスの状態で行くよりも、プラス状態で良いものを掛け合わせた方が効果が高くなるので、リセットしてから運地を訪れて。神社で縁切りをしたり、先祖のお墓参りをするといいでしょう。氏神様にお参りしてから行くのもおすすめです。出掛ける3カ月以内にすること。

2 お香を焚きながら旅行をプランニング

気に入ったお香や麻の炭などを焚いて、浄化を行いながら旅行のプランニングをすると、行くべき場所への導きがあり、余計な場所へ行くことを防いでくれます。邪気を払いながら行うと、旅行先でのトラブルも未然に防いでくれます。

3 運地×吉方位の掛け合わせをする

自分の運気が良い時期に、方位的に良い方向（吉方位）を掛け合わせて運地を訪ねることで、その土地の良いエネルギーをもらうことができます。吉方位に行くだけでも効果はありますが、運地を訪ねれば効果はさらに倍！

4 旅行のスケジュールを詰め込み過ぎない

行く場所や周るルートなど大体の行程は決めておいてOKですが、「〇〇に行ってみるといい」など、旅先で出会った人がメッセンジャーとして、次の行先のヒントを告げてくる場合があります。そのアドバイスを活かせるよう、少し余裕を持ったスケジュールを組むのが◎。

5 その地域の一番有名な神社にご挨拶する

旅先では、その土地を守っている氏神様を参拝すると、旅の安全へのご利益があります。一之宮や有名神社など力の強い神様を祀っている神社は、地域全体の守護神となっている場合が多いので、まずは名の知れた神社を訪ねておくのがおすすめです。

6 地のものを3つ以上食べる

土地のエネルギーを自分に取り入れるには、その土地で採れたものを食べるのが一番。特にエネルギーの高い旬の食材を使った料理を食べましょう。とはいえ、現地で食すことが重要なので、お弁当や軽食、お菓子でもOK。食べ物と一緒に土地の“気”をいただいてください。

7 源泉かけ流しの温泉に入る

温泉には土地のエネルギーが溶け込んでいるため浄化力が高く、気の流れを良くしてくれます。温泉地であれば、源泉のお湯にゆっくり浸かりましょう。大地のパワーそのものを取り込めるため、源泉かけ流しの温泉がおすすめです。

8 土地の“気”を取り入れる時間を持つ

運地では、その土地のエネルギーを吸収するため、少なくとも2時間は滞在することを心掛けて。寝ている時が一番大地からのエネルギーを吸収すると言われているので、できれば1泊するのがおすすめです。

9 訪れた神社仏閣全てでおみくじを引く

参拝した神社仏閣すべてでおみくじを引いて並べてみると、結果の良し悪しとは別の、その時の自分に必要な神様からのメッセージやキーワードが見えてきます。全部引くのは良くないと思っていた人も、実は相乗効果のある開運行動なのでぜひトライしてみて。

10 心願成就したら御礼参りをする

お願いするだけして御礼も言わないのは、人に対してでも失礼なこと。願いが叶ったら、必ず御礼参りをして感謝の念を伝えましょう。御礼参りは半年以内が目安です。そのためにも、行く先々のすべての神社でお願いをせず、ご挨拶をする程度に留めておきましょう。

ATTENTION!　強力なエネルギーを持つパワースポットは、場合によっては強力な闇を発することも。「逢魔が時」と言われる時間帯である、午後4時頃までになるべく訪れて。また、何か嫌な感じがするなど気が乗らない場所には近づかない方が無難です。

4章

日本全国、北から南まで！
倍運効果をアップする
〝基運〟が高まる
運地BEST22!!

神社や仏閣、風水的なパワースポットなど、より良い“気”が集まっている場所を訪れることで、自分が持つ基本の運気「基運」をパワーアップすることができます。日本全国、北から南まで、彌彌告と麻由古が実際に訪れて体感した、おすすめの運地をご紹介します。

北海道
Hokkaido

然別湖《しかりべつこ》・弁天島《べんてんじま》

湖自体が御神体のアイヌの聖地！　湖に浮かぶ幻のパワースポット

然別湖は大雪山国立公園内にある湖で、大自然に囲まれた神秘的な風景が魅力。道内の湖の中で最も高い、標高８１０メートルに位置することから「天空の湖」とも呼ばれています。四方を高い山々に囲まれ、周囲の山脈（龍脈）から下りてくるエネルギーが湖水に滞留する（水龍）という地形で、こういった土地を風水では「山環水抱《さんかんすいほう》」と呼び、古来より「吉相の地」として崇めてきました。なかでも北海道最高峰の旭岳から強大なエネルギーが流れ込む然別湖は、道内最強のパワースポットの一つと言える場所です。

また、白蛇姫伝説が残るここは、古来よりアイヌの人々から「禁断の地」として崇められ、湖自体が御神体の聖域でもあります。

1

写真提供／@masazy_hokkaido

2　写真提供／@masazy_hokkaido

1・2. 弁天島

湖畔の船着場から弁天島までは約2キロ、周囲20ｍの小さな島に建つ鳥居が見えてくる。弁天島には上陸できないので、遊覧船などを利用して近くでお参りするのがおすすめです。

3

写真提供／@masazy_hokkaido

5

写真提供／@masazy_hokkaido

4

写真提供／@masazy_hokkaido

5. 天空の湖

古来よりアイヌの聖域とされ、湖畔周辺は神秘的な気が溢れる。

4. くちびる山

湖面に映し出された対岸の天望山。巨大な唇に見えることからついた呼称。

3. 然別湖湖底線路

遊覧船を陸に上げるための引上げ用レールで、鉄道の線路ではないそう。

そんな然別湖の中央付近にある、鳥居が建つ小さな島が「弁天島」。アイヌ神話の「白蛇姫」と美や芸術、金運を司る「弁財天」が祀られており、年に一度の祭事にしか上陸が許されていないという幻のパワースポットです。そのお祭りというのが、毎年7月に行われる「白蛇姫まつり」。その昔、アイヌの人々が大飢饉に陥った時、神のお告げで使わされた白蛇により、オショロコマという魚が生息する然別湖に導かれて救われたという伝説にもとづくお祭りで、開始前に祭りの関係者のみが参拝船で弁天島に上陸し、祈願祭が行われるそう。普段から遊覧船の上から参拝できるそうですが、年に一度のこの日を狙うと倍運に。

「山龍と水龍の両者に守られたこの小島は、然別湖の中でも特に〝気〟が集まる場所。通常は上陸できない禁断の島ですが、湖岸からでも強い〝気〟のエネルギーを吸収することができます。さらに、ボートや遊覧船などに乗って湖上に出ると、湖に凝集されたエネルギーをより多く取り込めます。私はカヌーで近くまで行って参拝しましたが、それ以降、運気が上がったのを実感しています（彌彌告）」

倍運POINT

- ✓ **年に一度の『白蛇姫まつり』に参加し、遊覧船から参拝すると金運がアップ**
- ✓ **遊覧船やボートで湖上に出て、湖のパワーをいただく**

DATA

北海道河東郡鹿追町然別湖畔
TEL：0156-66-4034
（鹿追町観光協会）
www.shikaoi.net

山形

Yamagata

出《で》羽《わ》三《さん》山《ざん》神《じん》社《じゃ》

三山を巡る〝出羽三山詣〟で、新しい自分に生まれ変わる

出羽三山とは、羽黒山、月山、湯殿山の総称。開山1400年以上を誇り、古くから東北を代表する聖地として多くの信仰を集め、滝行などの厳しい修行を行った日本屈指の修験道の霊場として知られてきました。江戸時代までは神仏習合の権現を祀っていましたが、明治以降は神山となり、各山にある神社を総称して「出羽三山神社」と呼ばれています。

出羽三山は、羽黒山が現世（現在）、月山が前世（過去）、湯殿山が来世（未来）という三世の浄土を表すとされ、三山をめぐる修行は、羽黒山で現世利益をいただき、月山で死後を体験し、湯殿山で新しい命をいただいて蘇りを果たす、といわれています。この出羽三山詣の巡礼は、〝生まれ変わり（死と再生）〟の意味をもった「三関三渡《さんかんさんど》」の旅とされ、現在も受け継がれています。

1

3

2

4

1. 月山と大鳥居

出羽三山の入口にある大鳥居。三山詣の順番は厳守した方がおすすめ。

2. 龍神 切絵御朱印

三山それぞれ絵柄が異なる、令和6～7年(巽［辰巳］歳)限定の御朱印。

3. 羽黒山石段

2446段の長い石段を上がる参道は、新しい自分に生まれ変われる道。

4. 五重塔

東北にある最古の国宝の五重塔。エネルギーが満ちているスポット。

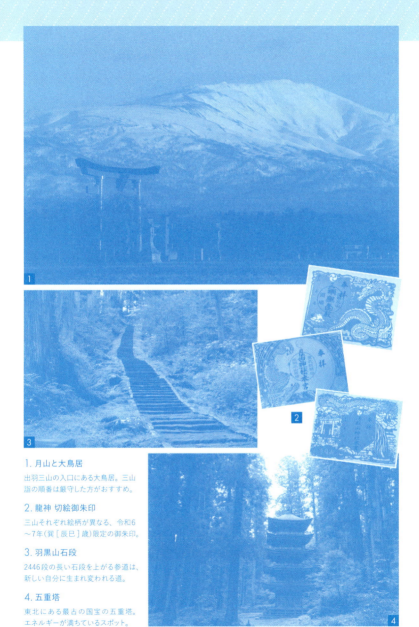

出羽神社（三神合祭殿）

約千年前につくられた『延喜式』神名帳にのる名神大社で、出羽三山の神々を合祀。社殿手前の鏡池は、神霊が宿る神の御池。

月山神社

三山の中で最も高い標高1,984 mの月山頂上に鎮座。新しいことを始める時に力を授けてくれるので、人生のリスタートに最適。

湯殿山神社

湯殿山は神域とされ、御神体への参拝は裸足でお祓いを受けてから。ここで見聞きしたことは口外しない慣わし。撮影もNG。

山自体の霊験が高いため、より強力な運気アップを願うなら、三山すべてに登ってお参りを。なかでも月山は登頂できる時期が短く、山頂の神社で参拝し、御守と御朱印を頂くことが貴重です。月山神社には主祭神として月読命《つくよみのみこと》が祀られていますが、古くから兎は月山神のお使いとされ、悪運から逃れる力があると伝えられています。そのため、月山の御縁年である卯年に参拝すると12年分のご利益があるのだそう。

「月山は登頂するだけで神様に感謝できるパワースポット。御縁年に行けなくても、参拝するだけでご利益がいただけます。辰年の今年は、出羽三山の龍神にまつわる地を巡るのもおすすめです（彌彌告）」

羽黒山の出羽神社へは、下の門から参道の石段を登るのがおすすめ。順路の途中に五重塔や滝の祠など見どころも多数あります。

湯殿山は神の住む山とされ、「言わず語らず」という慣わしのある神域。

「不思議なエネルギーが溢れている神聖な場所です。月山と湯殿山は、冬季は閉山されて参拝ができません。羽黒山の三神合祭殿を参拝して、ご利益と霊山のパワーをありがたくいただきましょう。（麻由古）」

倍運POINT

- ✓ **三山すべてに参拝すると、より運気がアップ**
- ✓ **山頂のお守りと御朱印帳をいただき、霊山の力をいただく**
- ✓ **月山は卯年に登ると12年分のご利益があるそう**

DATA

山形県鶴岡市羽黒町手向字手向7
TEL：0235-62-2355
www.dewasanzan.jp

鹽竈神社《しおがまじんじゃ》

邪気を払い厄災を退ける、浄化作用の強い〝塩の神様〟

鹽竈神社は東北鎮護・海上守護の陸奥國一宮として重んじられ、古くは朝廷、武家社会になってからは奥州藤原氏、伊達政宗公などから厚い信仰を寄せられてきました。また境内には、近喜式内名神大社である志波彦神社《しわひこじんじゃ》も鎮座しています。

主祭神の鹽土老翁神《しおつちおぢのかみ》は、人々に製塩技術を伝えたとされる海や塩の神様。海上安全や商売繁盛、安産、浄化などのご利益があるといわれています。塩の神様が祀られていることから、特に浄化作用が強いパワースポットとしても有名です。

「ここでいただける『御神塩』の浄化力が本当に素晴らしく、運気が下がっていると感じる時などに、この塩を身に付けると邪気を追い払うことができます（麻由古）」

また塩釜駅近くには、鹽竈神社の名前の由来にもなった「御釜神社《おかまじんじゃ》」が。吉凶事の前に水の色が変化すると言い伝えが残る神釜があり、あの松尾芭蕉も訪れたそう。

1

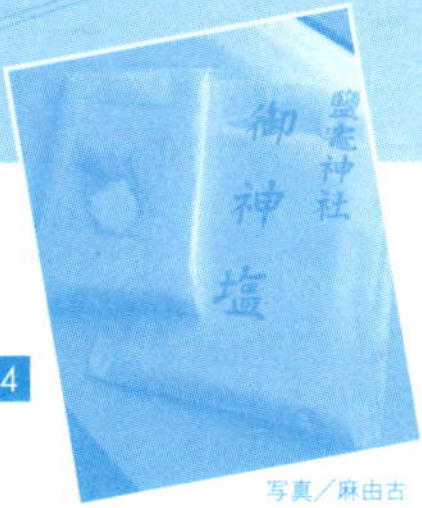

4

写真／麻由古

3

2

2. 御釜神社

境内周辺は古来「甫出の浜」と呼ばれた浜辺で、御祭神により伝えられた製塩が行われた所といわれる。

3. 四口の神釜

釜の水は溢れることも枯れることも無く、変事の前触れとして御釜の水が変わるという言い伝えがある。

4. 御神塩

邪気を払う、切麻入りのお清めの御塩（約70g・300円）。

1. 左右宮拝殿

左右宮は武道を司り武運を守る神、主祭神を祭る別宮は塩の神・安産の神として信仰を集めている。

倍運POINT

- ✓ 塩の神様の浄化作用で悪運を払って良運を呼び込む
- ✓ お清めの塩をいただき、浄化パワーを持ち帰る
- ✓ 御釜神社もあわせて参拝すると、より運気アップ

DATA

宮城県塩竈市一森山 1-1
TEL：022-367-1611
www.shiogamajinja.jp

埼玉

Saitama

三峯神社《みつみねじんじゃ》

〝オイヌサマ〟に守られた、関東最強のパワースポット

三峯神社は関東屈指のパワースポットと名高い神社で、奥秩父の山中、標高約1100メートルのご神域に鎮座し、主祭神は日本国の国生みの神である伊弉諾尊《いざなぎのみこと》と伊弉冊尊《いざなみのみこと》。その由緒は古く、日本武尊《やまとたけるのみこと》が東国平定の途中に三峯山に登り、二神をしのんでお祀りしたのが始まりといわれています。この時、道案内したのがオオカミ（山犬）であったとされ、神のお使い「大口真神《おおくちのまかみ》」として一緒にお祀りされています。

神社のある三峰は霧が出やすい場所と知られていますが、霧は神のお使い（眷属）であるオオカミの霊気とされ、あらゆるものを祓い清め、さまざまな災いを除くといわれています。古くからこのオオカミを御神札として1年間拝借し、地域や一家の守護を祈ることを「御眷属拝借《ごけんぞくはいしゃく》」と呼び、お札には諸厄を祓う強力なご神徳があります。

1

3

写真／湧瀬告　2

4

1. 拝殿　木々に覆われるようにして建つ、極彩色の装飾が美しい総漆塗りの拝殿。

2. 狛狼　狛犬ではなく狛狼。神の眷属で、霧はオオカミの霊気とされている。

3. 三ツ鳥居　全国でも珍しい三ツ鳥居。両脇には神使であるオオカミが左右に鎮座。

4. 随神門　向かって左が矢大神、右に左大神が置かれる門。神様を守る神だそう。

5~7. 写真／彌彌告

5. 三峯神社奥宮

妙法ヶ岳の山頂に鎮座。5月3日に山開祭、10月9日には山閉祭が行われる。

6. 雲海

秩父多摩甲斐国立公園内にあり、雲海が発生しやすい場所として有名。

7. 奥宮鳥居

奥宮までは往復3時間程。途中鎖場など険しい道もあるので軽装でない方が良い。

三峯神社は夫婦神をお祀りしているため、主なご利益は「夫婦和合」「家内安全」とされ、そのほか「火難盗難除」「諸難避け」など、多くの良運や災除けのパワーを授けてくれます。

「『三峯神社に参拝すると人生が変わる』と言われるほど、かなりご利益があると知られていますが、個人的にも最大に願いを引き寄せてくれると感じる場所です（麻由古）」

三峯神社が最強パワースポットと言われるもうひとつの理由が、神社が建つ地にあります。風水における大きなエネルギー、「龍脈」の流れる「龍穴」の地になっているからといわれています。そのパワーをより感じられるのが、三峯神社の奥宮。早朝、奥宮拝殿から眺める雲海と朝焼けに染まる山々の風景は、思わず手を合わせたくなるような神々しさです。

「境内に宿坊があるので、そこで一泊し、翌日奥宮へ行くスピ登山コースが倍運的にはおすすめです。往復3時間ほどで行けますが、宿坊に泊まった人しか受けることのできない、朝イチで行われる神職によるご祈祷が素晴らしいので、ぜひ一泊して体感してください（彌彌告）」

倍運POINT

- ✓ **霧が深いほど、邪気を除き心身をリフレッシュできる**
- ✓ **宿坊で一泊して、翌朝に奥宮へスピ登山をする**
- ✓ **諸厄を強く祓いたい場合は「御眷属拝借」をいただく**

DATA

埼玉県秩父市三峰298-1
TEL：0494-55-0241
www.mitsuminejinja.or.jp

成《なり》田《た》山《さん》新《しん》勝《しょう》寺《じ》

不動明王の霊験に預かり、悪縁を断ち切り幸運を呼び込む

１０００年以上の歴史を誇る「成田山新勝寺」。境内には国指定重要文化財である仁王門、光明堂、釈迦堂などをはじめ、数多くの堂塔伽藍があり、年間１０００万人を超える参拝者が訪れる、日本全国でも有数の寺院です。本尊は弘法大師・空海が自ら祈りを込めて開眼されたという不動明王。御堂ごとに、開運厄除け、出世、商売繁昌、恋愛成就などさまざまなご利益があるとされ、信仰を集めています。また、大本堂では、開山した平安時代より毎日欠かさず御護摩祈祷が行われており、祈祷を受けると願い事が成就し、不動明王のご利益を授かれるといわれています。

「私が25年以上通う、最強の整えパワースポット。今まで何人もの方が開運していくのを見届けてきました。悪縁を断ち切るお不動様、恋愛からビジネスまでご縁を繋ぐ愛染明王など、基運を高めるのにふさわしいさまざまなご利益がいただけます（麻由古）」

1. 大本堂　ご本尊の不動明王が祀られ、開山以来、1日も欠かさず御護摩祈祷が行われている。

2. 釈迦堂　1858年に建立されたかつての本堂。現在は開運厄除お祓いの祈祷所に。

3. 不動明王　真言密教の最高仏、大日如来の成り代わった御姿。人々の一切の煩悩と迷いを断ち、すべての人を救うといわれています

写真／彌彌告

倍運POINT

- ✓ 成田山正門を通る時、自分の干支の彫刻に挨拶してから入ると◎。
- ✓ 毎年7月に行われる祇園祭は、宝剣加持を受けるチャンス
- ✓ 光明堂の近くにある「雄飛の滝」「御滝不動尊」もかなりのパワスポ

DATA

千葉県成田市成田1
TEL：0476-22-2111
www.naritasan.or.jp

待乳《まつち》山《やま》聖天《しょうでん》

願い事を叶えてくれる最強の聖天様に、心してお参りを

待乳山聖天は日本三大聖天のひとつで、かなり強い力を持つ神様です。古来より霊験あらたかなことで知られており、身体健全、夫婦和合、商売繁盛にご利益があるとして篤い信仰を集めています。その強大なご利益から、豊臣秀吉や徳川家康も熱心に参拝したと言われているそう。境内各所に印される巾着や大根はご利益を端的に表したもので、大根は身体を丈夫にして、良縁を成就し、夫婦和合の功徳を表しています。また、巾着は財宝で商売繁盛を表しているものだとか。

「大根のお下がりがいただけることで有名ですが、希望者は早めの時間帯のお参りがおすすめ。節分にだけ配られるお札はかなりのパワーを感じます（麻由古）」。「高僧が7日間ご供養する『浴油祈祷《よくゆきとう》』は本当に願い事が叶うと評判。お線香と大根を額堂（休憩所）で購入し、浴油祈祷と一緒に本堂にお参りすると倍運に（彌彌告）」

1

2

3

1. 本堂　浅草寺一山のお寺のひとつで、本龍院というのが正式な名称。

2. 参拝者が供えた大根　前日に祈祷した大根がお下がりでいただけるので、もしあればラッキー。

3. 本堂前にある巨大な巾着　巾着にどんどんお金が入ってきて、口をきつく縛れば出て行かないとされる。

倍運POINT

- ✓ お下がりでいただける大根を食し、ご祈祷の力をいただく
- ✓ 浴油祈祷ではざっくりとではなく、意識高く願い事を
- ✓ 願いが叶ったら必ず「大根」をお供えしてお礼をする

DATA

東京都台東区浅草 7-4-1
TEL：03-3874-2030
www.matsuchiyama.jp

神奈川

Kanagawa

叶《かのう》神《じん》社《じゃ》

東西の叶神社をダブルでお参りすると、願いが叶うといわれる

浦賀の港を挟んで向かい合う、東西の叶神社。近年、願いが〝叶う〟パワースポットとして人気を集めています。叶神社は、源氏再興を祈念した文覚上人によって創建され、実際に叶ったことから叶大明神と称するように。もともと西浦賀にあり、村が東西に分かれたことで、東浦賀にも叶明神を分霊祭祀したのだとか。

西叶神社には諸願成就、良縁に恵まれる縁結び、商売繁盛などのご利益が。また、東叶神社の裏手にある明神山は、勝海舟が航海安全を祈って断食した伝説があり、その際に身を清めた井戸が残っています。「この井戸から汲み上げられた流水で硬貨を洗い、常に身に着けると開運と金運のご利益が。また、東叶神社に祀られた『身代り弁財天』は芸能に精通するご利益があり、歌や音楽を奉納する人がいるほど。西叶神社の本殿横にも福寿弁財天がおられ、共にお参りすると人気運が倍に！（彌彌告）」

1

2

写真／

3

1. 西叶神社

西叶神社の狛犬は口を開けた「阿」、東叶神社のは口を閉じた「吽」形に見え、東西で一対となっている説も。

2. 勾玉御守

西叶神社の勾玉を東叶神社のお守り袋に納めて身につけると、恋愛をはじめさまざまな良縁を結ぶそう。

3. 東叶神社

東西の叶神社は浦賀港を行き来する「浦賀の渡し」で結ばれています。

倍運POINT

- ✓ **西叶神社の「勾玉」を東叶神社の「袋」に納めて縁結び御守に**
- ✓ **東叶神社の井戸から汲み上げられた流水にかなりのパワーがある**
- ✓ **勾玉御守と流水で洗った硬貨を両方身につけ、開運&金運をGET**

DATA

西叶神社　神奈川県横須賀市西浦賀1-1-13　TEL：046-841-0179
kanoujinjya.jp

東叶神社　神奈川県横須賀市東浦賀2-21-25　TEL：046-841-5300
www.redfoal9.sakura.ne.jp/kanouhome.html

寒川神社《さむかわじんじゃ》

人生の節目に訪れたい、あらゆる厄災を祓う神社

寒川神社は、日本で唯一の八方除の守護神として約１６００年の歴史を持つ相模國一之宮。御祭神の寒川大明神は「八方除」のご神徳があり、身に降りかかるすべての厄災から身を守ってくれます。「八方」とはあらゆる方角を意味し、あらゆる悪事災難をとり除き、福徳開運を招くといわれ、古くは朝廷をはじめ、源頼朝、武田信玄などの戦国武将、徳川家代々、さらには民間からも幅広い信仰を受けてきました。新しいことを始めたい人や、現状を変えたい人など、人生の転機を迎えている人におすすめの場所です。

ほかにも注目したいのが、神社で御祈祷を受けられた方のみが入苑できる「神嶽山神苑《かんたけやましんえん》」。「御本殿の奥庭として位置づけられているご神域で、例年3月から12月中旬まで開苑しています。御祭神と参拝者との神人《しんじん》和楽《わらく》の空間として、とても良い気が満ちているので、ぜひ立ち寄ってみてください（麻由古）」

1

1. 御社殿

江戸（現在の皇居）から南西の地に鎮座。社殿も南西を向いているため裏鬼門を護る関東の守護神として信仰を集めてきた。

2. 渾天儀

古来中国や日本で使用した天体の位置や運行を観測する道具のオリジナルレプリカ。

3. 難波の小池

神嶽山神苑内、神社の起源に深く関わりがあると伝えられるご神水が湧き出る池。

2

3

倍運POINT

- ✓ **神社入口、一の鳥居で心身を整えてからお参りする。**
- ✓ **清らかな気が流れる「難波の小池」で運気をいただく**
- ✓ **厄年の人には特に「八方除守」を受けるのがおすすめ**

DATA

神奈川県高座郡寒川町宮山 3916
TEL：0467-75-0004
samukawajinjya.jp

金櫻《かなざくら》神社《じんじゃ》と昇仙峡《しょうせんきょう》

金櫻が咲く時期を狙って行きたい、知る人ぞ知る金運スポット

甲府の名勝、昇仙峡を登りつめた地に鎮座する金峰山を御神体とした神社で、山頂に本宮があり、金櫻神社は里宮にあたります。崇神天皇の時代（約２０００年前）に、疫病退散と万民息災の祈願のため、金峰山山頂に御祭神である少彦名命《すくなひこなのみこと》を祀ったのが起源といわれています。

名前の由来でもある御神木の「金櫻」（鬱金桜）は古くから民謡に唄われている「金の成る木の金櫻」として崇められています。４月下旬から5月上旬にかけて淡い黄金色の花が満開となり、この季節に金櫻を拝んで水晶のお守りをいただくと、一生涯金運に恵まれ、厄難解除のご利益があるといわれています。また、水晶が採れることでも有名で、ご神宝はこの地で発掘され、磨き出された水晶「火の玉・水の玉」。本殿には水晶を尾に絡ませた「昇龍・降龍」が奉納されています。

1

3

2　写真／彌彌告

3. 御神木「金櫻」

淡い黄金味を帯びた花から、「金の成る木の金櫻」として崇められる。

2. 水晶御守

災いが避けられるといわれる“火の玉・水の玉”の2対のお守り。

1. 金櫻神社 里宮

御嶽山の山中に鎮座する、約2000年前に起源を持つ由緒正しい神社。

DATA

金櫻神社　山梨県甲府市御岳町 2347　TEL：055-287-2011　kanazakura-shrin.webnode.jp

© 甲府市観光課

4

写真／彌彌告

6

5

写真／彌彌告

4. 昇仙峡（覚円峰）

花崗岩が風化水食を受けてできた立て約180m ある大岩。

5. 水晶の御朱印

巨大な水晶で彫った印でもらえる御朱印も必見。

6. 昇仙峡（奇岩・奇石）

渓谷沿いにはユニークな名前の奇岩・奇石がたくさん。

DATA

昇仙峡　山梨県甲府市御岳町　TEL：055-237-5702（甲府市役所観光課）
www.shosenkyo-kankoukyokai.com

金櫻神社へ向かう道の途中で、ぜひ立ち寄って欲しいのが昇仙峡。「日本一の渓谷美」と呼ばれ、国の特別名勝や日本遺産にも指定されている観光の名所です。もともと修験道の霊場であった霊山で、禅僧の覚円がこの峰の頂上で修行をしたといわれる「覚円峰」をはじめ、石門などの奇岩・奇石や、清らかな気が流れる「仙娥滝《せんがたき》」など、見どころも満載。昇仙峡全体がパワースポットといわれています。

「金櫻神社は昇仙峡の遊歩道を歩いた先にあり、特に金運アップのご利益があります。ここでぜひ受けてほしいのが、水晶のお守り。ゴールデンウィークの時期に咲く金櫻にお守りをかざしてパワーをいただくと、一生お金に困らないといわれています。一度授かったら返納せずとも良く、生涯身につけられるお守りです。また、境内奥にある昇龍と降龍は、陰陽のバランスを整えてくれるご利益があるので、忘れずに拝んでください。さらに、行く途中にある昇仙峡は龍脈が通る場所で、そのうえ水晶が採れる強力なパワースポット。ここで運気をいただきながら神社に向かうのが倍運のコツです（彌彌告）」

倍運POINT

- ✓ 災いを避け金運をもたらす、2対の水晶のお守りをいただく
- ✓ 金櫻が咲く時期に行き、水晶をかざして金運パワーをこめる
- ✓ 昇仙峡にも立ち寄り、龍脈のエネルギーを全身に取り入れる

彌《や》彦《ひこ》神《じん》社《じゃ》

万葉集にも詠われる、越後開拓の神「おやひこさま」

創建から2400年以上の歴史を有し、日本最古の歌集『万葉集』にも詠われている神社。神武天皇の命を受け、越後国（新潟県）に渡り、稲作をはじめ漁業や塩造り、酒造りなど諸産業の基を築いた天香山命《あめのかごやまのみこと》を山頂に祀ったことが起源といわれています。また、弥彦山を神山とし、古くから「おやひこさま」と呼ばれ人々の信仰を集めています。森に囲まれた広々とした境内は凛とした空気に包まれ、深呼吸するだけで浄化されそう。

さらに、弥彦山山頂には彌彦神社御神廟があるので、こちらもぜひ参拝を。

「360度パノラマの御神廟はとにかく絶景。実は富士山の方向にお社が向いていて、昔の人は何かエネルギーを感じて、この地・この方角に建てたはず。とてもパワーが強い場所なので、両方お参りすると運気が倍に。持ち上げた時の重量感で吉凶を占う『火の玉石（重軽の石）』も当たると有名なので、ぜひ挑戦してみてください（彌彌告）」

写真提供／彌彦神社

1

写真提供／彌彦神社

2

3

1. 拝殿

拝殿の奥に本殿が鎮座し、背後には神山である彌彦山を望みます。

2. 玉ノ橋

御手洗川にかかる屋根付きの太鼓橋。神様がお渡りになる橋で人間は渡れません。

3. 御神廟

360度の大パノラマが望める絶景スポット。ロープウェイで登ることもできます。

倍運POINT

- ✓ 神社境外の祓戸神社で穢れを落としてから参拝
- ✓ 心静かに深呼吸して、境内に満ちる良い気をいただく
- ✓ 山頂の御神廟もあわせて参拝して諸願成就を

DATA

新潟県西蒲原郡弥彦村弥彦 2887-2
TEL：0256-94-2001
www.yahiko-jinjya.or.jp

静岡
Shizuoka

來《き》宮《みや》神《じん》社《じゃ》

長寿・心願成就のご利益がある、全国のキノミヤ神社の総社

来福・縁起の神として古来より信仰されている來宮神社。その歴史は古く、神社が創建されたのは今から１３００年前だといわれています。征夷大将軍・坂上田村麻呂《さかのうえのたむらまろ》が戦の勝利を祈願し、東征した各地に來宮神社の御分霊を祀ったとも伝えられ、現在では全国44社のキノミヤ神社の総社として信仰を集めています。

祀られているのは三柱の御祭神。縁結びや夫婦円満、商売繁盛の神「大己貴命《おおなむちのみこと》」。樹木と自然保護、病気平癒の神「五十猛命《いそたけるのみこと》」。勝利や出世の神様である武神「日本武尊《やまとたけるのみこと》」。縁結び・健康長寿・商売繁盛・金運など、うれしいご利益がたくさんあります。

なかでも有名なのが、樹齢２１００年の御神木「大楠」。神霊が寄りつく物として古《いにしえ》より崇拝され、大楠があったため、この地に來宮神社を造ったとされています。

3. 本殿

主祭神の大己貴命は縁結びの神様。そのほか「來宮弁財天」「來宮稲荷社」「三峯神社」「末社七社」、10社のお社が。

2. 大鳥居

鳥居の先には竹林の中に続く参道が。熱海を見晴らす高台にあり、緑と水に囲まれた自然の中に鎮座。

1. 本殿前の落ち葉ハート

毎朝、神職の方がつくっているそう。実は「猪《いの》目《め》」と呼ばれる日本古来の文様で、魔除けや招福を意味する。

御神木 大楠　国の天然記念物に指定されており、高さ約26m、幹周り23.9m、樹齢は2100年の巨大樹。

2000年以上も落雷や暴風雨などの天変地異にも耐え、今なお成長し続けていることから、超越した生命力を有する神木と信じられ、「健康長寿」と「心願成就」のご利益があるとされています。そのため「幹を1周すると寿命が1年のびる」「心に願い事を秘めながら幹を1周すると願いが叶う」という伝説が生まれたそう。

「大楠の周辺はかなり良い気を感じます。近くにいるだけでパワーをいただけ、願いまで叶えてくれるありがたい御神木です（麻由古）」

お守りの種類が多いのでも有名で、「むし除守」なんてユニークなものも。浮気の虫や泣き虫…など、あらゆる凶虫から守ってくれるというもの。ほかにも、お酒に関する失敗をなくす「酒難除守」や旅先でおいしいごはんに出会える「食運守」など、珍しいお守りがたくさん！

「御守りも良いですが、おすすめしたいのが、私が長年愛用している夫婦箸。黒と朱塗りが美しく、使い勝手も抜群。お箸は食するものに触れるのでご利益をずっといただける効果があります。御朱印帳もおしゃれな木の表紙でおすすめです（彌彌告）」

倍運POINT

- ✓ **大楠の周りをまわって長寿&心願成就を願う**
- ✓ **落雷にも負けなかった「第二大楠」も忘れずに参拝**
- ✓ **カフェスペースで休憩して神聖な空気を一緒にいただく**

DATA

静岡県熱海市西山町43-1
TEL：0557-82-2241
kinomiya.or.jp

三　重

Mie

伊射波神社《いさわじんじゃ》

伊勢志摩の美しい海に向かって建つ、縁結びの神様

加布良古崎《かぶらこざき》にあるため、地元では通称〝かぶらこさん〟と呼ばれ、創建から1500年以上経ち『延喜式』神名帳にも載る摩國一宮。御祭神は稚日女尊《わかひるめのみこと》、伊射波《いざわ》登美命《とみのみこと》、玉柱屋姫命《たまはしらやひめのみこと》、狭依姫命《さよりひめのみこと》の四柱で、良縁や海上の安全などのご利益があるといわれています。海に向かって鳥居が建っており、昭和初期までは船で来て参拝したそう。

神社へと続く道は、伊勢志摩の美しい海が望め、なかでも本殿の奥の「奇跡の窓」から覗く青い空と海のコントラストは一見の価値あり。

「車では入れないような細い道を20分ほど歩く、気軽に訪問できない神社ですが、何とも言えない深みのある青い海と大自然が織りなす景色が本当に素晴らしく、神秘的な空気感があります。個人的にはかなりのパワースポット。岬にある可愛いハート型は縁結びのご利益があり、写真を撮って持っておくと倍運効果があります（彌彌告）」

1～5. 写真／彌彌告

2. 加布良古崎　鳥居の目の前に広がる、コバルトブルーの神秘的な海。

4. 奇跡の窓　囲まれた木々の間が窓のようにぽっかりと空き、美しい海が望める。

5. ハート形石　良縁を呼び寄せるという、加布良古崎にある木の根元に置かれたハート形の石。

1・3. 鳥居　昔は船で参拝に来ていたというのがうかがえる、海に向かって建つ鳥居。

倍運POINT

- ✓ **本殿奥の「奇跡の窓」から覗く青い海と空を見る**
- ✓ **加布良古崎岬のハート形の石で写真を撮る**
- ✓ **美しい海と島の自然のエネルギーを全身で感じる**

DATA

三重県鳥羽市安楽島町 1020
TEL：0599-25-4354
※市営安楽島海水浴場の駐車場近くに参道入口が。車で来る場合はカーナビを海水浴場に設定して。

須《す》須《ず》神《じん》社《じゃ》

日本海の守護神として信仰の篤い、能登半島最北端の神社

能登半島の最北端に位置することから日本海側一帯の守護神とされ、崇神天皇の時代に創建された由緒ある神社です。ご祭神は、天孫降臨の神・稲穂の神・農業「天津日高《あまつひこ》彦穂瓊瓊杵尊《ひこほのににぎのみこと》」とその妻で海上安全・航海安全などに関する神「木花咲耶姫命《このはなさくやひめのみこと》」、さらに、山伏山山頂の奥宮に祀られている航海安全や災難除け、豊漁の女神「美穂須須美命《みほすすみのみこと》」。災難除けや五穀豊穣、夫婦神を祀っていることから、縁結びのご利益もあるとされています。

奥宮が鎮座する山伏山は、優美な山容から古くから崇拝の対象となった霊山で、そのため当初は山伏山に創建されましたが、8世紀頃に現在の地に遷宮したとか。有名なのが、源義経が海難を救われたお礼として奉納したとされる「蝉折の笛」。また「弁慶の守刀」も収められています。「とくに奥宮は無人の神社なのですが、別世界に紛れ込んだような静寂の世界が清々しい。神秘的な力を感じる場所です（麻由古）」

1

2

3

1. 本殿

高座宮《たかくらぐう》・金分宮《きんぶんぐう》の両社に夫婦神を祀る。

2. 一之鳥居

港に面した場所に位置する一之鳥居。海上安全や大漁のご利益が。

3. 奥宮

平安時代には修験者の往来もあったという山伏山にひっそりと鎮座。

倍運POINT

- ✓ **3つの社殿に祀られた三柱神をすべてお参りする**
- ✓ **神話にも登場する日本三大パワースポットの1つ、珠洲岬のパワーを感じる**

DATA

石川県珠洲市三崎町寺家 4-2
TEL：0768-88-2772
www.ishikawa-jinjacho.or.jp/shrine/j1827/

京都
Kyoto

鞍《くら》馬《ま》寺《でら》

天狗が住むと言い伝えられる、「牛若丸」が育った霊山

かの有名な源義経が「牛若丸」として幼少時代を過ごした地で、天狗が住むと言い伝えられる霊山。古くは『枕草子』『源氏物語』などにも登場し、武田信玄、豊臣秀吉、徳川家康などの戦国武将が戦勝祈願を行った地としても知られています。

宝亀元年（７７０年）に鑑真和上の弟子、鑑禎上人が毘沙門天を祀ったことが鞍馬寺の始まりとされていますが、もともと鞍馬山には古神道や陰陽道、修験道の山岳宗教などさまざまな信仰の歴史があり、それらを統一した鞍馬弘教の総本山です。

本殿である金堂では、「千手観音菩薩」「毘沙門天王」「護法魔王尊」が三身一体となった「尊天」をお祀りし、鞍馬山全体が尊天の御神体と考えられています。御本尊は秘仏で普段は拝観できず、60年に一度、丙寅の年のみ開扉されます。

3. 仁王門（山門）　両側に立つ仁王尊像は運慶の嫡男、湛慶作と伝わる。浄域への結界。

4. 金剛床　宇宙のエネルギーが集まるといわれる「金剛床」は、曼荼羅を表す。

1. 本殿金堂　秘仏厨子の前には「お前立ち」と称する、代わりの像が常時安置。

2. 鞍馬山入口　金堂まで九十九折りの山道が続く。ケーブルカーで登ることも可能。

5

8

6

7

7. 義経堂　義経の魂は懐かしい鞍馬山に戻り、安らかに鎮まっているとの伝承が。

8. 木の根道　幼少期の義経が、この辺り一帯で天狗に兵法を習ったという。

5. 魔王殿　太古の昔に護法魔王尊が降臨した磐坐・磐境として崇拝されてきた。

6. 不動堂　伝教大師、最澄が天台宗立教の悲願をかけて刻んだ不動明王が奉安。

金堂前に広がるのが、鞍馬寺でも随一のパワースポットとされる「金剛床」です。宇宙のエネルギーである尊天の波動が広がる星曼荼羅を模しているそうで、この三角形の石が並べられた中心に立ち、両手を大きく広げて空を仰げば、人間が尊天と一体化できる修行の場とされています。古くから人々の間で広く信仰され、商売繁昌・縁結びなど、多くのご利益があるといわれています。

「鞍馬山全体が、神秘的なエネルギーに満ち溢れた場所です。なかでもこ金剛床には必ず入って、パワーをいただいてください。ただし、中央の三角は三尊を表すので踏むのはＮＧです。

また、義経が天狗を相手に修行をしたのが『木の根道』と言われ、その道を辿っていくと護法魔王尊が降臨したとされる『奥の院 魔王殿』があります。ここもパワースポットといわれていますが、護法魔王尊が安置されている場所なので、畏れの気持ちを持って厳かにお参りしてください。この道は、運気隆昌のご利益が受けられる貴船神社へと続くので、このあとあわせて参拝するのがおすすめです（麻由古）」

倍運POINT

- ✓ 金剛床の中心に入り、宇宙からのエネルギーを授かる
- ✓ 護法魔王尊のエネルギーの高い「魔王殿」は厳かに参拝
- ✓ 義経ゆかりの地を参拝し武芸・芸能・学問成就のご利益を

DATA

京都府京都市左京区鞍馬本町1074
TEL：075-741-2003
www.kuramadera.or.jp

京都
Kyoto

平《へい》安《あん》神《じん》宮《ぐう》

千年以上栄え続けた雅な京都の姿を後世に伝える荘厳な神社

平安遷都１１００年を記念して、明治28年に遷都の立役者である第50代桓武天皇をご祭神として創建。平安京の正庁（朝堂院）を模した色鮮やかな朱塗りが美しい社殿など、かつての京の雅な雰囲気が漂う神社です。谷崎潤一郎の『細雪』にも登場するなど、数々の文豪が愛した桜の名所としても知られています。

重要文化財に指定される歴史的建造物だけでなく、四季折々の魅力を持つ日本庭園もあり、平安京千年の造園技術を結集させた「神苑」は見事。広大な庭園に日本の自然の情景が作り出され、国の名勝にも指定されています。荘厳さと美しさを併せ持つ建造物と相まって、まるで１０００年前にタイムスリップしたかのよう。

さまざまなご利益がありますが、なかでも縁結びのパワースポットとして知られています。
「表参道のパワーが格別で、歩いているだけで溜まった邪が払われて体が軽くなります（麻由古）」

2. 大鳥居
建造当時は日本最大。街のシンボルにもなっている、フォトジェニックな大鳥居。

1. 大極殿
鮮やかな朱色が美しい社殿。奥にある本殿には、孝明天皇も祀られています。

倍運POINT

- ✓ 大鳥居から社殿に向かう表参道で溜まった穢れを浄化
- ✓ 日本庭園の「神苑」で自然からの良い“気”をいただく
- ✓ さまざまなご縁を結ぶ「縁結び御守り」を授かる

DATA
京都府京都市左京区岡崎西天王町97　TEL：075-761-0221
www.heianjingu.or.jp

大阪

Osaka

住《すみ》吉《よし》大《たい》社《しゃ》

〝すみよっさん〟の通称で親しまれる最強の「祓の神」

全国に２３００社ある住吉神社の総本社。１８００年以上の歴史を誇り、大阪最強のパワースポットといわれています。商売繁盛、縁結び、子宝、安産、家内安全などさまざまなご利益があり、なかでも厄除けが有名。というのも、ご祭神である住吉大神は、伊邪那岐命《いざなきのみこと》の禊祓《みそぎはらえ》の際に海中より生まれたとされ、古くより「祓の神」として信仰を受け、夏祭りの「住吉祭」が「おはらい」と呼ばれるのもここからきているとか。

境内の一角にある「五所御前」は、住吉大社の中でも特別な聖地。玉垣の中にある「五」「大」「力」と書かれた石を一つずつ集めてお守りにすると、「体・智・財・福・寿」の５つのチカラを授かり、願い事が叶うといわれています。

「願い事が叶ったら授与所で返納の石を購入し、「五・大・力」と書いて五所御前にお返しして。ほかにも初辰猫やおもかる石など縁起物がたくさん！（彌彌告）」

1

写真／彌彌告

4

3

2

3. 反橋

豊臣秀吉の妻、淀君が子の成長を願い奉納。渡るだけでお祓いの御利益が。

4. 五所御前（五大力）

パワーストーン「五大力」の石探しで、心願成就のおまじない。

1. 本殿

古代の建築様式を伝える「住吉造」と呼ばれる本殿は、国宝に指定。

2. 初辰猫《はったつねこ》

辰の日にお参りする初辰さんで授与される家内安全&商売繁盛の猫。

倍運POINT

- ✓ 心願成就のための「五大力」の石守をいただく!
- ✓ 商売繁盛の「初辰猫」、無病息災の「なでうさぎ」、心願成就の「おもかる石」など、縁起物をコンプリート

DATA

大阪府大阪市住吉区住吉
2-9-89
TEL06-6672-0753
www.sumiyoshitaisha.net

大神神社《おおみわじんじゃ》

神様に呼ばれた人しか行けないといわれる神聖な山

『古事記』や『日本書紀』にも登場する日本最古の神社。三輪山そのものが御神体のため本殿はなく、拝殿の奥にある三ツ鳥居を通して拝む、原初の神祀りの姿を残した神社です。三輪山は、国造りのために大物主大神《おおものぬしのおおかみ》が御魂を鎮められたという霊山。はるか昔から「神の宿る山」として崇められてきた聖地です。そのため、古くから一木一草にいたるまで斧で伐採することを許されていないそう。

「昔は禁足地でしたが、近代になり入山が可能になったので、ぜひお参りしましょう。ただし、午前中にスタートしないといけません。また、三輪山は御神体のため、写真撮影などは禁止。神様との対話を大事に、敬虔な心で登拝しましょう。さらに大神神社と石上神宮を結ぶ日本最古の道「山の辺の道」を散策し、昔の人が辿ったルートで参拝するのもおすすめです（彌彌告）」

1

2

2. 二の鳥居と参道　松や杉、ヒノキなどの大樹が生い茂る参道は、神聖な空気が漂います。

1. 拝殿　国指定の重要文化財。寛文4年（1664年）に徳川家綱公により再建された。

倍運POINT

- ✓ 御神体である三輪山に登拝して神聖な大自然の気を感じる
- ✓ 体の痛い部分を撫でると治してくれる「なで兎」を撫でる
- ✓ 三輪山を水源とする「狭井神社」の「くすり水」を飲む

DATA

奈良県桜井市三輪 1422
TEL：0744-42-6633
oomiwa.or.jp

奈良

Nara

大和神社《おおやまとじんじゃ》

奈良時代に遣唐使たちも参拝した、交通安全の守護神

崇神天皇六年（２０００余年前）に創建された神社で、主祭神は日本大国魂大神《やまとおおくにたまのおおかみ》。大地主大神《おおとこぬしのおおかみ》とも呼ばれ、古くから日本を守る神様として崇められています。交通安全や厄除けのご利益があるといわれ、また、水と雨を司る龍神であるとされる高龗神社《たかおおかみじんじゃ》も合祀していることから、天候と産業にもご利益があるとされています。

古くは奈良時代、朝廷の命を受けた遣唐使や使臣たちは、出発に際し、大和神社に参詣して航海の安全を祈願されたそうで、万葉集にも詠われています。また、戦中は「戦艦大和」の守護神として艦内に祀られ、運命を共にした艦長以下乗組員、護衛艦の方々の英霊が境内の祖霊社に合祀されています。「大神神社とならぶ日本最古の創建で、必ずここで祈祷してから遣唐使を派遣していたという、歴史的にも重要な神社です。物事を成し遂げる祈願が込められた『最強守』がおすすめです（麻由古）」

2. 一の鳥居

鳥居の後に続く参道の長さは、なんと戦艦大和と同じ270m！

3. 拝殿

旗は毎年４月１日に行われる神幸祭、通称「ちゃんちゃん祭り」のためのもの。奈良県無形民俗文化財に指定。

4. 戦艦大和ゆかりの碑

「戦艦大和ゆかりの神社」と彫られた石碑が建つ。

5. 高龗神社

摂社。御祭神は雨師大神で、天候や産業を司る神様。

6. 増御子神社

猿田彦神・天鈿女命を御祭神とし心願成就のご利益が。

1. 本殿三社

御祭神は日本大国魂大神、八千戈大神《やちほこのおおかみ》、御年大神《みとしのおおかみ》の三柱。

倍運POINT

- ✓ 御本殿に参拝し、日本大国魂大神の神威を感じる
- ✓ 御朱印と最強守で、交通安全の加護をいただく
- ✓ 一の鳥居から続く、戦艦大和と同じ長さの参道を歩く

DATA

奈良県天理市新泉町 306
TEL：0743-66-0044
ooyamatohp.net

島根
Shimane

万九千神社《まんくせんじんじゃ》

神在月に八百万神が集う、神々の宴と旅立ちを担う祭宮

万九千神社は、正式には「万九千社《まくせのやしろ》」といい、古くより神在祭（旧暦10月）に際し、全国から出雲へと集まった八百万神が最後に立ち寄るという神話が残る特別な神社です。同月26日に八百万神はここで縁結びの神議《かみはか》りを締め括り、神宴（直会《なおらい》）を催したのち、翌朝、諸国へと旅立つ（神等去出《からさで》）とされています。

御祭神は、国造りを成された櫛御気奴命《くしみけぬのみこと》、大穴牟遅命《おおなむちのみこと》（＝大国主神）、少彦名命《すくなひこなのみこと》の三柱と、神在月に集まる八百万神。三柱は食物、農業、漁業、土木、建築、医薬をはじめとする諸業を司り、五穀豊穣や病気平癒、諸産業繁栄などに霊験あらたかとされます。さらに八百万神の御神徳にあやかり、縁結びや諸会議、宴の円満成就、旅行の安全無事、諸願成就などにご利益があるといいます。

1

3

写真／酒彌告

2

1・3. 神殿

万九千神社には本殿がなく、神殿の後ろの玉垣で囲まれた場所に御神体として磐境《いわさか》と御神木の神籬《ひもろぎ》があり、神殿を通じて参拝します。

2. 神等去出神事

神々が直会と呼ぶ酒宴を催し、明年の再会を期して、翌朝早く各地の神社へと帰途につくとの言い伝えが。

4. 伊勢の神宮遥拝所

伊勢神宮の遥拝所から神殿を挟んで反対側には、出雲大社の遥拝所もあります。

5. 鳥居

万九千神社と同じ境内に、地元の氏神様である立虫神社《たちむしじんじゃ》も鎮座。

6. ネズミの石像

古事記の一場面をモチーフにした石像など20種類以上あるので、散策しながら探してみて。

4~6. 写真／彌彌告

最近では、旅の安全を願う旅行者や旅行業、宴会にゆかりの飲食業の方の参拝も増えているのだとか。また、御守りには宴会成就・酒乱泥酔除けの「なほらひ守り」や「旅立ち守り」、海上安全大漁祈願、開運招福の「海幸御守り」など、万九千神社ならではのご利益がいただける御守りがたくさんあります。

「神在月のみ行われる特別祈願『神在みくじ』は、八百万神の御神前で翌年の吉兆を一人ひとり占ってもらえるうえ昇殿して玉串拝礼ができ、『神矢と神在みくじ』『御祈祷札』『好きなお守り』『からさで梅酒』などがいただけます。また、至る所にネズミの石像や絵馬があり、御祭神である大国主神が素戔嗚尊に火難の試練を与えられた際、ネズミに命を救われた神話にあやかって奉納されたもので、すごく可愛いですよ。

神社の東西それぞれには伊勢神宮と出雲大社の遥拝所があり、実は、出雲大社と万九千神社、旧大和の国、伊勢神宮の位置は一直線に並ぶのだそう。日が昇る聖地と沈む聖地を意図的に結んでいる、という説もあるそうですが、そんな古代の神秘も体感してください（彌彌告）」

倍運POINT

- ✓ 神在月の特別祈願『神在みくじ』で玉串拝礼をする
- ✓ 伊勢・出雲の遥拝所で古代神秘のパワーをいただく
- ✓ お気に入りのねずみの石像を待ち受けにして運気アップ

DATA

島根県出雲市斐川町併川258
TEL0853-72-9412
www.mankusenjinja.jp

高知
Kochi

唐《とう》人《じん》駄《だ》馬《ば》遺《い》跡《せき》

太古の巨石の上に立ち、大地のエネルギーを肌で感じて

高知県土佐清水市の足摺岬《あしずりみさき》にある、縄文時代早期（紀元前５０００年頃）から弥生時代にかけての石器や土器片が数多く出土した遺跡です。「唐人」とは異人、「駄場」とは平らな土地という意味で、古代の人々の暮らしの場だったといわれています。

一帯にはストーンサークルと思われる石の配列や、人工的に配置したとは到底思えない高さ６〜７ｍもある巨大な花崗岩が林立している唐人岩があり、太古の巨大文明の名残ではないかといわれている巨石群が集まっています。真相は謎ですが、古代のロマンを感じることができるパワースポットです。

「『ここにいるだけですごく気持ちがよく、何とも言えないエネルギーを感じる』と誰もが絶賛する、知る人ぞ知る神秘的なスポット。なかでも『再生の場』という場所が一番パワーチャージできるので、ここで瞑想すると倍運になります（彌彌告）」

写真／彌彌告

1. 唐人駄馬遺跡 巨石群

乗っている人の小ささから、石の巨大さが伺える。

2. 唐人駄場遺跡 公園

かつてのストーンサークルがあった場所は、今は広場に。

3. 再生のエリア

子宝や子供の健やかな成長を祈った場所だといわれ、唐人石磐座群で最強のパワースポットと言われています。

倍運POINT

- ✓「再生の場」の巨石に腰をかけて瞑想する
- ✓巨岩群の山頂に登り、パワーチャージする
- ✓ストーンサークル跡に入り、エネルギーを感じる

DATA

高知県土佐清水市松尾 977
TEL：0880-82-1212
（観光商工課観光係）
www.city.tosashimizu.kochi.jp/kanko/g01_tojindaba.html

熊本

Kumamoto

幣《へい》立《たて》神《じん》宮《ぐう》

〝高天原《たかまがはら》神話発祥の地〟といわれ、神代の伝承と信仰の形を残す神社

阿蘇の外輪に位置し、「九州のへそ」と言われる山都町に鎮座する幣立神宮。境内では旧石器時代の石器が出土するなど、太古より人々の祈りが捧げられてきた地です。神漏岐命《かむろぎのみこと》・神漏美命《かむろみのみこと》、大宇宙大和神《おおとのちおおかみ》、天御中主大神《あめのみなかぬしおおかみ》、天照大神《あまてらすおおかみ》を主祭神として祀るほか、火の神・風の神・雨の神・水の神などの自然神も祀られ、古の信仰の形を色濃く残しています。また、人類の祖神である五色人（赤、白、黄、黒、青人）の伝承とともに五色神面が伝わっており、世界の平和と人類の弥栄を祈願する五色神祭が行われています。

「高天原神話の発祥の神宮」と由緒に記され、さまざまな伝承と古い信仰の形を残す神社で、神武天皇の孫である健磐龍命《たけいわたつのみこと》が、この地で幣を立て宇宙から降臨された神々を祀ったことが始まり、といわれています。

写真／彌彌告

1・2. 本殿

うっそうと茂る木々が立ち並ぶ小高い森の中にひっそりと佇む本殿。境内には神秘的な雰囲気が漂う。

3. 正面鳥居

参道入口の正面鳥居。ここから急勾配の石段を上った先に本殿が見えてくる。

5

4

4～7. 写真／彌彌告

7

6

6. 東水神宮・東御手洗

天照大御神の命を受け、葦原中国《あしはらのなかつくに》の水質を改良したという水の神様「天《あめ》の村雲姫《むらくものひめ》」を祀る祠。

7. 2本の竹筒の水

東水神宮の左に水源が。この竹筒から流れる水は各々味が違うらしい。

4･5. 檜と杉の御神木

縁起により天照大神と天御中主大神の御霊が祀られる

境内には太古に神漏岐命・神漏美命が神霊として天降ったと伝わる御神木の檜や、五百枝杉などの大木がそびえ立ち、神代の息吹を感じることができます。なかでも御神殿は厳かな霊気を感じる場所。悠久の時の流れに自身を投じ、神恩感謝の祈りを捧げてください。

また、本殿の右手には縁起により、御神木に伊勢の内宮と外宮が御霊として祀られています。毎年旧暦の11月8日には、天照大神の和霊を鎮める祭りが行われています。

「必ず寄ってもらいたいのが『水玉の池』と『東御手洗』。古木が立ち並ぶ神秘的な森を抜けると、水の神様を祭る祠があります。祠の左にある2本の竹筒から水が流れていて、この竹筒の水はそれぞれ味が違うと言われています。また、右奥には『水玉の池』があります。この池には『八大龍王』が住んでいるといわれ、『瓊《に》瓊《に》杵尊《ぎのみこと》』がこの池の水で全国の要所を清めたという伝説が残るほど神聖な場所です。本殿参拝後にこの場所に行き、お水をいただいて、この地のパワーをいただいてくるのが倍運につながります（彌彌告）」

倍運POINT

- ✓ 拝殿にて神恩感謝の祈りを捧げる
- ✓ 檜の御神木の“気”をいただく
- ✓ 東水神宮をお参りし、御神水をいただく

DATA
熊本県上益城郡山都町大野712
TEL0967-83-0159

波上宮《なみのうえぐう》

遥か昔から沖縄の神を祀り、沖縄の総鎮守として信仰されてきた神社

波上宮は垂直に切り立った崖の上から海を見下ろすように建ち、琉球王府の時代より厚く信仰されてきた琉球八社筆頭の神社。また、理想郷である海神の国「ニライカナイ」信仰の、神を祀る聖域「御嶽」だったそう。神々が現世と往来できる場所とされ，火や稲をはじめ島人の祖先もここから渡来したとされた聖地です。

主祭神に神産みの神「伊《い》弉《ざ》冉尊《なみのみこと》」が祀られていることから「縁結び」「安産」「夫婦円満」などのご利益があると言われています。そのほか家内安全、厄除、商売繁盛、海上安全、幸運長寿など、さまざまなご利益があります。

「参拝後は、波上宮が珊瑚の岩の上に鎮座している様がよくわかる、すぐそばにある『波の上ビーチ』へ。那覇で唯一の遊泳可能な砂浜のビーチだそうで、ここから波上宮を写真に収めると、良縁のご利益と諸願成就の倍運に（麻由古）」

1. 波の上ビーチと本殿

那覇唯一のビーチ。ここから望む波上宮を撮るのがおすすめ。

2. 本殿

本州の神社とは異なり、境内は南国の植物に彩られ、拝殿両脇には狛犬の代わりにシーサーが鎮座。

倍運POINT

- ✓ 本殿を眺められる波の上ビーチで開運パワーをいただく
- ✓ 波の上ビーチと本殿を写真に収め、携帯の待ち受けにする
- ✓ 赤と白の貝を模した飾りのついた「縁結びお守り」で良縁祈願

DATA

沖縄県那覇市若狭
1-25-11
TEL：098-868-3697
naminouegu.jp

神代の時代に創建された〝縁結び〟の神様を訪ねて——

出雲大社《いづもおおやしろ》

八百万の神々が集う縁結びスポットで、あらゆる縁《つながり》を祈願

島根県出雲市

神話の国と言われ、神々を祀る古の神社が数多く鎮座する出雲の中でも、中心的存在なのが出雲大社。主祭神は「因幡の白うさぎ」の神話で有名な「大国主大神《おおくにぬしのおおかみ》」で、縁結びの神様として広く親しまれています。毎年旧暦10月に、全国から八百万の神々が一堂に集まり縁結びの会議「神議《かむはか》り」を開くといわれ、そのため全国では「神無月」とされる一方、出雲の地では「神在月《かみありづき》」と呼びます。男女の縁に限らずあらゆる良縁を結び、出会うべき人に出会わせてくれるという、まさに縁結びの聖地の最高峰といわれる最強のパワースポットです。

神門通りの大鳥居を通り、出雲大社の玄関口とも言える二の鳥居を抜けると、神社には珍しく下の坂道となる参道へ。大波が来てもここで食い止められる構造なのだとか。

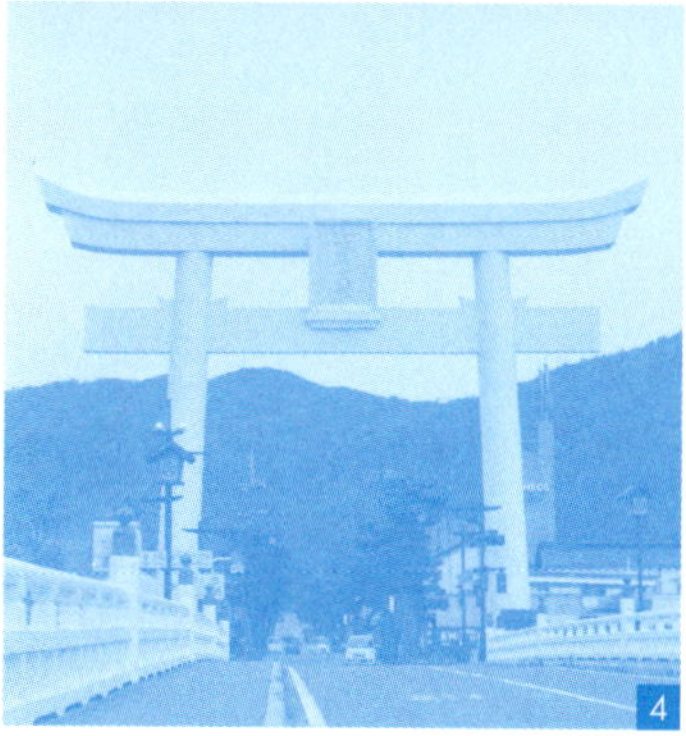

1. 本殿
八雲山を背景に建つ本殿は大社造という最古の建築様式。通常は本殿に入れず、瑞垣の外側から参拝を。

2. 拝殿
参拝者の御祈祷や古伝新嘗祭等のお祭など、さまざまな奉納行事が。

3. 本殿とうさぎの像
「因幡の素兎」がモチーフとなったウサギの石像。66羽あるので、探してみるのも楽しい。

4. 宇迦橋大鳥居
新門通りにある「一の鳥居」。出雲大社参道の玄関口、宇迦橋のたもとにあるひときわ大きい鳥居です。

その先右手にある祓社《はらえのやしろ》で、現世で知らないうちに背負った穢れを落としてから正面の拝殿へ向かいます。出雲大社は二礼四拍手一礼が作法。本殿の前に3つの円を囲うさらに大きな円がありますが、これは古代出雲神殿の御柱が発掘された場所。言い伝え通り、遥か昔に天高くそびえるお社が実際にあった証と思うと、ロマンを感じます。

拝殿でご挨拶をしたら、御本殿前の八足《やつあし》門《もん》にてお参りし、本殿が鎮座する瑞垣の周囲を左回りにぐるりと周って各御社殿をお参りしましょう。本殿の右手と左に十九社が並んでいますが、ここは神在月に全国から集合した神様の宿舎となる場所で、その時期しか開いていません。

境内案内MAP

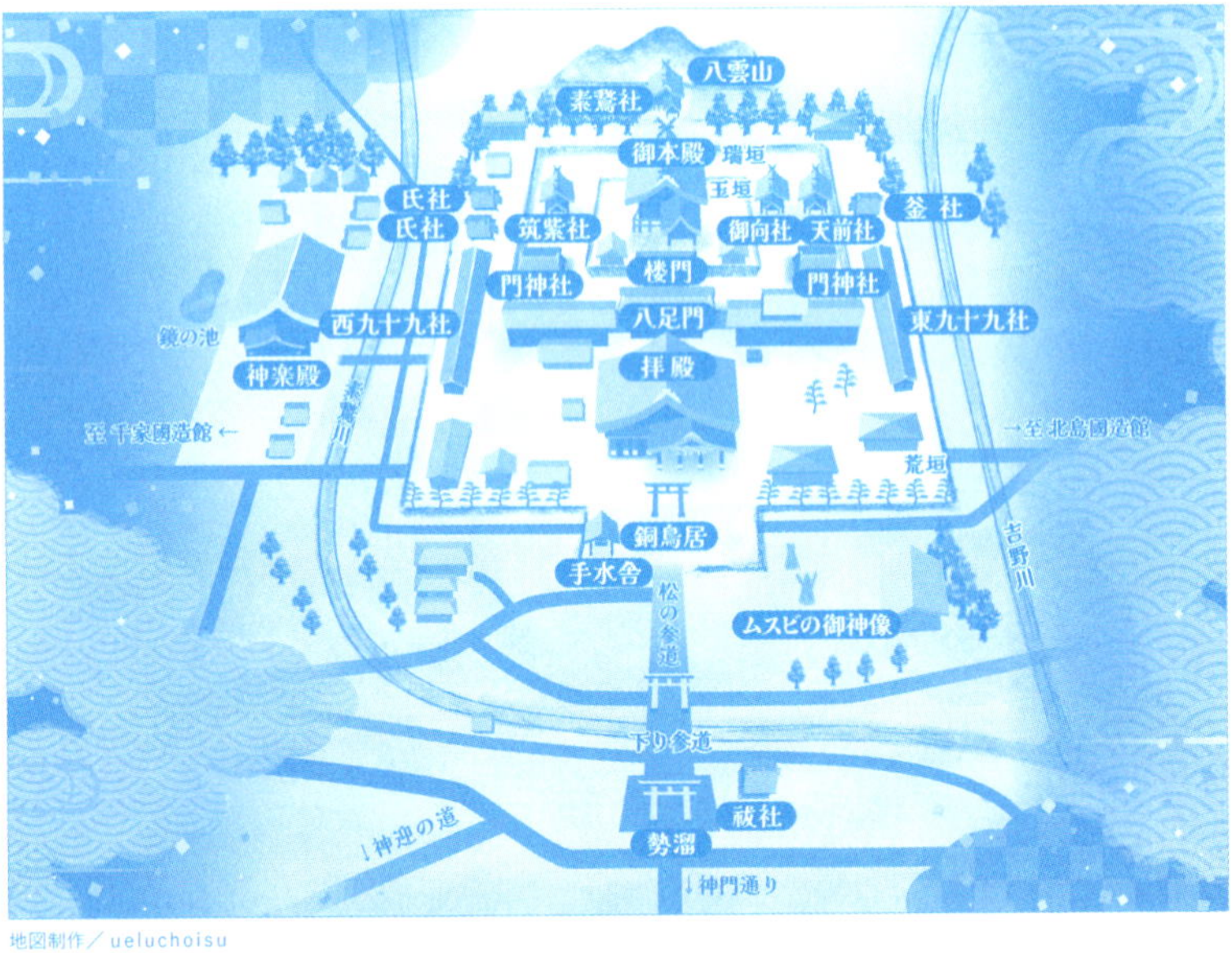

地図制作／ueluchoisu

IZUMOOYASHIRO

おすすめ参拝コース

出雲大社の玄関口「勢溜の鳥居」からスタート

出雲大社の一番南にある、正門にあたる二の鳥居。この先から参道が始まります。

神社には珍しい下り参道で清々しい気を感じて

木々に囲まれた荘厳な下り参道では、見えない力に引っ張られるような感覚に。

「祓社」で身心を祓い清めて穢れを落とす

参拝前に、まずここで身心を祓い清めます。正面下り参道と神楽殿前の2箇所あります。

「拝殿」で神様にご挨拶し「八足門」にて御本殿に参拝

本殿には入れないため、まずは拝殿で挨拶をし、そのあと本殿をうかがえる八足門で参拝。

御本殿の周辺の垣を左回りに各御社殿をお参り

全国各地から集まる神々の遥拝所となる東西十九社や氏社、釜社など、各御社にもご挨拶。

「素鵞社」をお参りして御砂をいただく

ヤマタノオロチ退治で知られる素戔嗚尊を祀っている素鵞社。主祭神の親神でもあります。

6. 宇豆柱跡

境内から発見された巨大な柱跡。スギの大木3本を束ねて一柱とし、神殿の棟を支えていた。

7. 神迎神事

神在祭の前夜（旧暦10月10日）、稲佐の浜では神々をお迎えする神迎神事が行われます。

8. ムスビの御神像

大国主神が「ムスビの大神」となるきっかけ、幸魂《さきみたま》・奇魂《くしみたま》に出会った場面を再現。

5. 神楽殿

圧倒的な存在感を放つ大注連縄は長さ約13m、重さ5.2t。御祈祷や結婚式など祭事や行事が行われる。

本殿の裏手奥には素戔嗚尊《すさのおのみこと》が祀られている素鵞社《そがのやしろ》があり、かなりパワーの強いスポットです。その裏手にある八雲山の石には直接触れることができ、神力をいただけます。また、お社の床縁下には稲佐の浜から運ばれてきた御砂があり、持ち帰って御守にしたり、土地や田畑に撒き清めて神様のご加護をいただくという信仰が古くからあり、これもいただくとさらにご利益が倍増します。ただし、先に稲佐の浜に寄って砂を持ち寄り、ここの砂と交換するようにいただいて帰るというものです。

本殿参拝後は、日本最大級の大注連縄がかけられた「神楽殿」へ。長さ約13m、重さは5.2tにも及ぶ注連縄は圧巻の迫力です。

また、境内には「因幡《いなば》の素兎《しろうさぎ》」がモチーフとなった大国主大神とウサギの御像があり、そのほか現在66羽のウサギの石像が。御本殿裏や神苑、神楽殿周辺など、境内を散策しながら探してみるのも楽しい。ほかにも神迎神事が行われる稲佐の浜や神迎の道など、境外に出雲大社ゆかりの場所が多くあるので、訪ねてみるのもおすすめです。

倍運POINT

- ✓ 毎年旧暦の10月に行われる「神在祭」に参加する
- ✓ 本殿西側の拝礼所で御祭神にもう一度参拝して良縁を祈願
- ✓ 素鵞社の床縁下の御砂をいただいて帰って御守にする

DATA

住所：島根県出雲市大社町杵築東195　TEL：0853-53-3100　izumooyashiro.or.jp

Column 4

境外にある出雲大社ゆかりの地へ

出雲大社の周辺には、所縁の神社や、神話や伝統文化を伝えるスポットが数多くあります。せっかく出雲の地に来たなら、あわせて訪れてみるのがおすすめです。

写真／[illegible]

出雲大社・北島國造館

出雲大社・北島國造館は大国主大神《おおくにぬしのおおかみ》に神勤奉仕した天《あめの》穂日命《ほひのみこと》の系譜で、大神のご神徳を広く世に伝える出雲教の総本院です。境内には主祭神の大国主大神を祀る御神殿のほか、医薬の神として知られる少名毘古那神《すくなひこなのかみ》を祀る天神社や、國造家の始祖である天穂日命《あめのほひのみこと》をお祀りする天穂日命社、稲荷さんこと宇迦之御霊神《うかのみたまのかみ》をお祀りする稲荷社、三宝荒神《さんぽうこうじん》をお祀りする荒神社が並ぶ御《ご》三社《さんしゃ》など、多くの社があります。また出雲大社神域内では最古の建造物で県文化財指定の四脚門《しきゃくもん》や、風光明媚な庭園など見どころもたくさん。なかでも、天神社の側にある「亀の尾の瀧」は清らかな気が流れおり、美しい庭園を堪能しながらお参りするのがおすすめです。

DATA

住所：島根県出雲市大社町杵築東 194　www.izumokyou.or.jp

稲佐《いなさ》の浜《はま》

神迎神事が行われる、出雲大社の西方1km にある、国譲り、国引きの神話の舞台として知られる景勝地。大国主大神《おおくにぬしのおおかみ》と建御雷之男神《たけみかづちのおのかみ》が国譲りの交渉をしたという屏風岩や、海岸南には国引きのときに島を結ぶ綱になったという長浜海岸が続きます。

神迎《かみむかえ》の道《みち》

稲佐の浜から勢溜へと続く「神迎の道」は、旧暦10月の「神在祭」の際に、出雲に到着した八百万の神々がこの道を通って出雲大社に向かうといわれる信仰の道。周辺には歌舞伎の創始者とされる「出雲阿国の墓」や奉納山公園の「於国塔」などの観光スポットも。

命主社《いのちぬしのやしろ》と真名井遺跡《まないいせき》

出雲大社の摂社である「命主社」。正式名は「神魂《かみむすび》伊能知奴志神社《いのちぬしのかみのやしろ》」で、世界のはじまりの造化三神の一柱、神皇産霊神《かみむすびのかみ》が祀られています。また、裏手にある「真名井遺跡」は、弥生時代の銅戈《どうか》と硬玉製勾玉《こうぎょくせいまがたま》など貴重な品が出土したという、神聖な気が感じられる場所です。出雲大社・北島国造館から徒歩約2分程の距離なので、ぜひ訪れてみて。

5章

上げたい運気別 倍運をもたらす 最強運地

「困ったときの神頼み」じゃないけれど、どうしても叶えたい強い願いがあるときには、やっぱり神様にすがりたくなるもの。そこで、上げたい運気別に、御利益が高いスポットを選んでもらいました。願いがより叶いやすくなる倍運ポイントと併せてチェックして。

島根
Shimane

八重垣神社《やえがきじんじゃ》

伝説の「鏡の池」で恋の行方を占える！　恋愛成就の最強パワースポット

八重垣神社は、素盞嗚尊《すさのおのみこと》が「ヤマタノオロチ」を退治し稲田姫《いなたひめ》を救ったという、有名な神話が伝わる地。オロチの退治後、二人はこの地で結ばれたことから、縁結びの神として夫婦円満や良縁結びにご利益があるといわれています。また、二神は日本で初めて正式に夫婦となったとされ、結婚式発祥の地とも。片思い中の人や、良い縁に恵まれたい人は必見の〝縁結び〟のパワースポットです。

若い女性を中心に人気なのが「縁占い」。拝殿裏手には神話の舞台となった「佐久佐女《さくさめ》の森」があり、その森の中にある「鏡の池」に、占い用紙に硬貨を乗せて池に浮かべ、それが沈むまでの距離と時間でさまざまな縁を占うというもの。「鏡ヶ池の奥に鎮座する稲田姫命を祀る天鏡《あめのみかがみ》神社をお参りしてから占いを。池に占い用紙を浮かべると、メッセージ（助言）が出てくるので、しっかりと心に留めましょう。早く沈むほど良縁が早く訪れ、また近くで沈むほど身近な人とご縁があるそう。自分と一緒に行った友人たちが、その後本当に早く結婚しました！　このおみくじは必須です。稲田姫命が植えたという2本の椿が、地上で1本になったことから神聖視される夫婦椿もお見逃しなく！（麻由古）」

1. 拝殿。裏手にある佐久佐女の森には、大杉の周囲に“八重垣”を作って稲《いな》田《た》姫《ひめ》を隠したという伝承があり、神社名の由来にも。2. 隠れている時に稲田姫命が飲料水とし、姿を写したと伝わる「鏡の池」。3. 恋占いができる「縁占い」(100円)。

倍運POINT

- ✓ 稲田姫命を祀る天鏡神社をお参りしてから占いを
- ✓「縁占い」は良縁を祈りながら占うべし
- ✓ 境内に3か所あるという「夫婦椿」もすべてお参り

DATA

島根県松江市佐草町227
TEL：0852-21-1148
yaegakijinja.or.jp

熊本
Kumamoto

阿《あ》蘇《そ》神《じん》社《じゃ》

能の謡曲にも登場する〝縁結びの松〟で良縁成就を祈願！

1. 九州最大の規模を誇り、日本三大楼門の一つともいわれる「楼門」。2. 良縁成就のご利益があると有名な「縁結びの高砂の松」。3. 撫でると願いが叶う「願かけ石」。

阿蘇を開拓した健磐龍命《たけいわたつのみこと》をはじめ家族神12神を祀り、2500余年の歴史を有する神社です。古来より阿蘇山火口をご神体とする火山信仰と融合し、人々の信仰を集めてきました。

「境内には、〝縁結びの松〟として有名な『高砂の松』が。能の大成者・世阿弥の代表作で、結婚式に欠かせない謡曲『高砂』に登場する伝説の松としても知られており、松の周囲を女性は右回り、男性は左回りに2周すると良縁に恵まれるとか。さらに家族神12神も祀っていることから、良縁と良い家族に囲まれる倍運の神社。また願掛け石もあり、理想の相手をお願いしても！（彌彌告）

倍運POINT

- ✓「高砂の松」の周囲を2周して良縁を祈願
- ✓「願かけ石」をなでてさらに出会い運アップ
- ✓御神体である阿蘇山火口を遥拝する「阿蘇山上神社」を参拝

DATA

熊本県阿蘇市一の宮町宮地3083-1
TEL：0967-22-0064
asojinja.or.jp/

埼玉
Saitama

川《かわ》越《ごえ》氷《ひ》川《かわ》神《じん》社《じゃ》

古来より縁結びの神様として信仰を集める川越の総鎮守

1

2

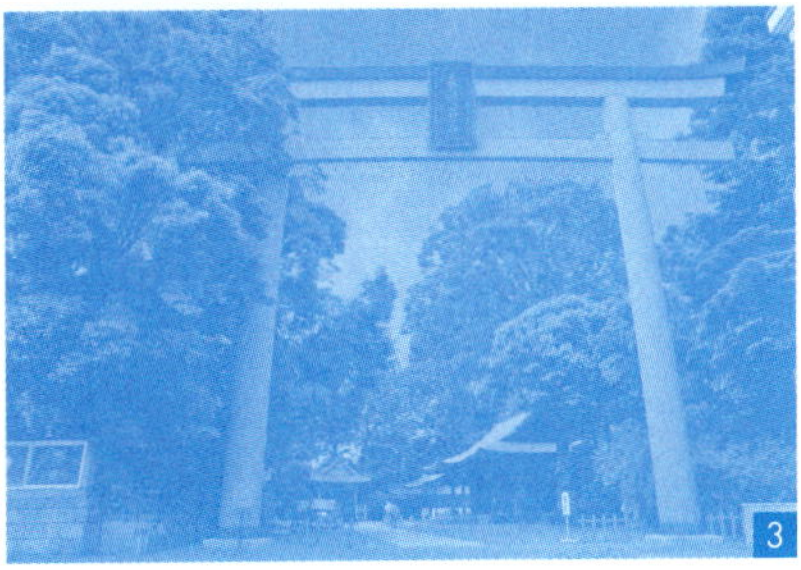

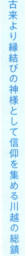

3

1. 拝殿の奥に本殿が鎮座。2.「縁結び玉」。生涯を共にする人と出会ったら、二人でお参りに来て神社に戻す慣わし。3. 木製の鳥居としては日本最大級。

古来より縁結びの神様としての信仰を集める川越氷川神社。御祭神は素《す》盞嗚尊《さのおのみこと》と妻の奇《くし》稲《いな》田《だ》姫命《ひめのみこと》、二人の子であり、縁結びの神様としても知られる大己貴命《おおなむちのみこと》（＝大国主命）。さらに奇稲田姫命の両親である脚摩乳命《あしなづちのみこと》と手《て》摩乳命《なづちのみこと》も加え、三世代五柱の家族が祀られています。そのため「家庭円満」や「夫婦円満」「縁結び」のご利益があるとされています。

「縁結びの御守りのなかでも『縁結び玉』が評判。『境内の玉砂利を持ち帰り、大切にすると良縁に恵まれる』との言い伝えにちなみ、本殿前の白い玉砂利を麻の網に包んでお祓いしたもの。1日20体限定のパワーの強い御守りです（麻由古）」

倍運POINT

- ✓ 1日20体限定の「縁結び玉」で出会い運をアップ
- ✓ 良縁成就したら、お相手と一緒に御礼参りをする
- ✓ 2本の御神木の間を8の字に歩くと幸せになれる

DATA

埼玉県川越市宮下町2-11-3
TEL：049-224-0589
www.kawagoehikawa.jp/

結婚
良縁を引き寄せ夫婦和合をもたらす、愛のパワースポット

高知
Kochi

鳴無神社《おとなしじんじゃ》

〝土佐の宮島〟ともいわれる、知る人ぞ知る結婚運最強神社

高知県須崎市・浦ノ内湾の奥にひっそりと佇む鳴無神社。海から入るように作られた参道や海に向かって建つ社殿がフォトジェニックで、「土佐の宮島」と呼ばれることも。創建は460年、一言主命《ひとことぬしのみこと》（阿遅鉏高日子根神《あじすきたかひこねのかみ》）が船で横浪半島に上陸し、社殿の場所にお迎えしてお祀りしたのが始まりといわれています。一言主命は、縁結びで名高い出雲大社の大国主命《おおくにぬしのみこと》の長男。そのため、縁結びの神様としても知られており、全国から多くの参拝者が訪れています。また、「チリヘッポ」と呼ばれる秋の大祭、〝神の子の結婚式〟の祭礼も有名で、近年縁結びのパワースポットとして知名度が上がっています。

「某有名タレントの方が参拝して玉の輿セレブ婚を成し遂げたとか、あるセレブがお忍びで結婚祈願に訪れたなど、数々の縁結びエピソードを聞きます。ここでマストなのがおみくじ。鳴無神社では、引いたあとに木に結ぶのではなく海に流すという風習があり（環境に配慮された、水に溶ける特殊な紙でできています）、海に流しながら良縁を願うのがおすすめです。土日祝、毎月1日と15日しか社務所が開いてないので、お守りや御祈祷を希望する方は事前に確認をした方が良いかも（彌彌告）」

1. 桃山時代の様式を残した社殿（本殿・幣殿・拝殿）は1663年（寛文3年）に再建されたもの。国の重要文化財に指定。
2・3. 海に向かって建つ鳥居。昔は道路がなかったため、船で参拝に訪れていたことに由来。

倍運POINT

- ✓ おみくじを海に流しながら良縁を祈願する
- ✓ 社務所が開いている日に来て御守などをいただく
- ✓ 海と鳥居の写真を撮って携帯の待ち受けにする

DATA

高知県須崎市浦ノ内東分 3579
TEL：0889-49-0674
sta2020.com/susaki_info/tourism/757/
（須崎市観光協会）

奈良
Nara

長谷寺《はせでら》

観音様の御足に触れてご縁を結ぶ、霊験あらたかな〝花の御寺《みてら》〟

写真／彌彌告

写真／彌彌告

1. 小初瀬山中腹に懸造り（舞台造）された国宝「本堂」。
2. 重要文化財「本尊十一面観世音菩薩立像」。高さ1,018㎝、国内最大の木造仏。
3. 重要文化財「登廊」。399段あり、上中下の三廊に。

長谷寺は日本最大級の観音像「本尊十一面観世音菩薩立像」があることで知られ、『今昔物語』のわらしべ長者をはじめ、『源氏物語』『枕草子』にも出てくるほど。観音様はその姿を33種に変え、求めに応じて救いの手を差し伸べてくださる慈悲深い菩薩様で、縁結び・安産・美容・商売繁盛・立身出世・病気平癒など、多くのご利益があります。「特別拝観で観音様の御足に触れてご縁を祈ると、より強い結びつきを導いてもらえます。縁結びはもちろん、美に関するご利益もあり、まさに倍運。結縁の証に五色線をいただけるので、御守りとして身につけると運気がアップします（彌彌告）」

倍運POINT

- ✓ 特別拝観で観音様の御足に触れてご縁を祈る
- ✓ 授与された五色線を御守りとして身につける
- ✓ 逸話の残る鐘楼を拝んで金運もアップ

DATA

奈良県桜井市初瀬 731-1
TEL：0744-47-7001
www.hasedera.or.jp

宮崎
Miyazaki

鵜《う》戸《ど》神《じん》宮《ぐう》

運玉投げで心願成就！　岩屋に鎮座する神秘的な神社

1. 主祭神の産殿の跡とされる洞窟内に建つ朱塗りの色鮮やかな本殿。2. 楼門。2017年には鵜戸神宮一帯が国の名勝「鵜戸」に指定。3. 豊玉姫が出産のために乗って来たと言われる「霊石亀石」。

宮崎県南部の日向灘に面した、海に突き出た岬の岩屋に鎮座する美しい神宮。縁結び・夫婦円満・安産祈願・子育てなどのご利益があるといわれています。自然の洞窟の中に本殿が建っている様子は、とても神秘的な雰囲気です。「お乳岩」や「お乳水」と呼ばれる、安産や健やかな子供の成長を願って参拝する人たちが後を絶たちません。

また、鵜戸神宮は「運玉投げ」の神事でも有名。「本殿前の広場から、男性は左手、女性は右手で『運玉』を投げるのがルール。『亀石』と呼ばれる岩のくぼみに運玉が入れば願いが叶うそう。ぜひトライして倍運を引き寄せて！（彌彌告）」

倍運POINT

- ✓ 願いを込めながら「運玉」を亀石に向かって投げる
- ✓ 「お乳岩」「お乳水」で安産・育児の運気も上げておく
- ✓ 神使「撫でうさぎ」をなで、病気平癒や開運のご利益をいただく

DATA
宮崎県日南市大字宮浦3232番地
TEL：0987-29-1001
www.udojingu.or.jp

お金
金運アップで一攫千金!? お金に困らなくなるとウワサのスポット

宮城
Miyagi

金華山黄金山神社《きんかさんこがねやまじんじゃ》

金運の神様が宿る霊山の島を参拝し、最強の金運を手に入れる

金華山黄金山神社は、「3年続けてお参りすれば、一生お金に不自由しない」といわれる最強の金運パワースポット。今から1270年程前に、日本で初めて金が産出されたことを祝し、創建されたといわれています。御祭神は金山毘古神《かなやまひこのかみ》、金山毘賣神《かなやまひめのかみ》。七福神の一人、金運や商売繁盛のご利益があるとされる弁財天を祀っている日本五大辯財天《べんざいてん》の一つとしても知られ、全国から多くの参拝者が訪れます。

また、神社のある「金華山」は、船でしか行けない小さな孤島。かつて修験者が多く訪れた、恐山・出羽三山と並ぶ「東奥三大霊場」の一つで、島全体が神域となっています。

「到着して驚くのが鹿の数。神の使いとして500頭以上の鹿が生息しているそうで、参道や境内でも鹿を見ることができます。船でしか行けないので気軽に訪れられませんが、最強の金運に恵まれると評判なので、頑張って3年連続でお参りを。『銭洗い所』で龍の口から流れ出る水でお金を洗い、お財布に入れておくと金運のご利益があります。また、宿坊に泊まり、参籠《おこもり》の儀式で穢れを祓いつつ、島から大自然のエネルギーをたっぷりいただいて帰ると倍運に繋がります」（麻由古）

1. 神社入口に建つ鳥居と随神門。2. 御本殿と拝殿。東日本大震災の時、ここだけまったく損傷しなかったのだそう。3. 金華山銭洗辯財天。硬貨・紙幣をザルに入れ、龍の口から流れ出る水で洗う。4. 拝殿の鈴の緒に結ばれたお賽銭。いつからか参拝者がくるようになったとか。5. 頂上に鎮座する大《おお》海祇《わだつみ》神社。周囲の海を見渡す海の神様。

倍運POINT

- ✓ 3年連続でお参りして最強の金運のご利益をいただく
- ✓ 銭洗い所で洗ったお金をお財布に入れておく
- ✓ 宿坊に泊まって、翌朝の護摩祈祷のお祓いを受ける

DATA

宮城県石巻市鮎川浜金華山 5
TEL：0225-45-2301
kinkasan.jp

小《こ》網《あみ》神《じん》社《じゃ》

「東京銭洗い弁天」として金運をもたらす強運厄除の神様

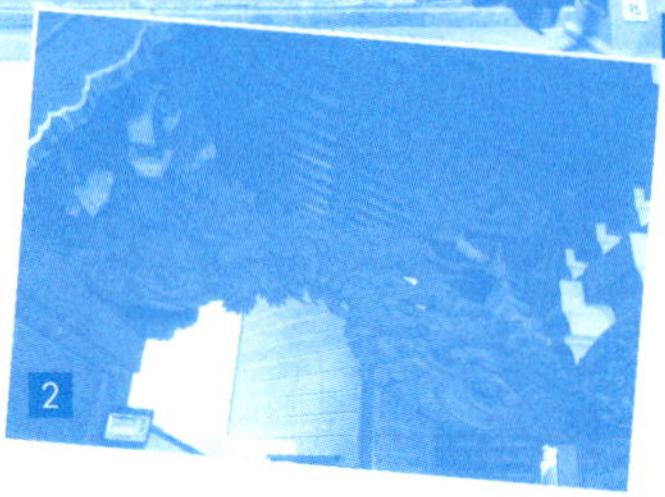

1. 社殿は中央区の文化財に登録。2. 強運厄除の神様のシンボル、社殿・向拝の左右にある「昇り龍」「降り龍」の彫刻。3.「銭洗いの井」でお金を清めて。

日本橋小網町のオフィス街の一角にある小さな神社。東京大空襲の際に境内の建物が奇跡的に戦火を免れたことや、第二次世界大戦時に小網神社の御守りを受けた兵士が全員無事に生還したことから、「強運厄除の神様」として崇められています。近年は財運や金運にもご利益があるとされ、「東京銭洗い弁天」としても知られています。

「境内にある『銭洗いの井』で金銭を清めて財布に収めておくと財運を授かるとされ、かなり即効性のあるご利益がいただけます。また、『強運のしずく玉守』もご利益が高いと有名で、全体的な運気をアップしてくれます（麻由古）」

倍運POINT

- ✓ 「銭洗いの井」で洗ったお金をお財布に入れておく
- ✓ 「福禄寿像」の頭をなでて、ご利益をいただく
- ✓ 金運アップが叶ったら、御礼参りを忘れずにする

DATA

東京都中央区日本橋小網町16-23
TEL：03-3668-1080
www.koamijinja.or.jp

香川

Kagawa

田《た》村《むら》神《じん》社《じゃ》

龍神様と縁を結べば、金運隆昌へと導いてくれる

1. 水の災いを鎮めるため水神を祀ったのが起源といわれ、本殿後ろの奥殿は深淵の上に建てられている。2. 御神体の龍神様をイメージした金龍像。境内には出水する場所があり、干ばつ時にも枯れることがなかったそう。

地元の方々から「一宮さん」と呼び親しまれている神社で、商売繁盛や家内安全の神様として信仰されています。田村神社の御神体は水神である龍神様。奥殿にある深淵には龍神様が住んでいるという伝説が残っています。境内には大きな龍神様の像があり、有名な開運スポットに。また、「小判を龍神様に奉納すると、必ず長者になる」といわれ、金運隆昌のご利益があると知られています。「社務所で販売している大判小判を龍神様に奉納し、金運アップを祈願する人が多いとか。また、黄金の布袋像の近くに金箔つきのおみくじがあり、ここでおみくじを引くと倍運に（麻由古）

倍運POINT

- ✓ **龍神様に小判を奉納して金運アップをお願いする**
- ✓ **おみくじの言葉に隠された、運気を上げるヒントを見つける**
- ✓ **隠れ縁結びスポット、宇都伎社前にある「姫之宮」を参拝**

DATA

香川県高松市一宮町286
TEL：087-885-1541
tamurajinja.com

三重
Mie

仕事

椿大神社
（つばきおおかみやしろ）

あらゆることを良い方向に導いてくれる、おみちびきの神様

キャリアアップを考えている人に！　出世運や仕事運を上げるならココ

椿大神社は紀元前3年創始と伝えられ、2000年の歴史を持つ日本最古の神社のひとつ。主祭神は猿田彦大神（さるたひこ）。天孫降臨の際に地上の道案内をしたとされ、「みちびきの神様」として知られています。また、正しい方向へ導くことから、厄除開運や無病息災、交通安全、商売繁昌、事業成就などの御利益があるとされています。猿田彦大神を祀る神社は全国で2000社余りありますが、その総本宮が椿大神社です。あの経営の神様と呼ばれたPanasonicグループの創始者、松下幸之助が訪れていた神社としても有名で、境内には「松下幸之助社」もあります。商売繁盛や出世運を上げたい人は、あわせてお参りするのがおすすめです。

「お参りを終えたら、本殿の右側にある別宮「椿岸神社（つばききし）」へ。天照大御神の岩戸隠れの際に踊りを披露したという、猿田彦大神の妻神・天之鈿女命（あめのうずめのみこと）が祀られています。芸道の祖神、鎮魂の神、夫婦円満や縁結びの神として知られるため、クリエイティブや芸事の上達を願う人はこちらもあわせて参拝して。すぐ隣には、パワースポットと話題の「かなえの滝」があります。写真を携帯の待ち受けにすると願いが叶うといわれているので、お参りしてさらなる運を取り込みましょう（彌彌告）」

1

3

写真／彌彌告

2

1. 総檜・神明造りの歴史的価値の高い本殿。猿田彦大神を主神に三十二柱の神様が祀られている。2. 芸能や縁結び、夫婦円満などにご利益がある「椿岸神社」。3. パワスポと人気の小さな滝「かなえ滝」。

倍運POINT

- ✓ **本殿をお参りしたら、経営の神様「松下幸之助社」も参拝**
- ✓ **クリエイティブな才能を開花させたい人は別宮「椿岸神社」へ**
- ✓ **叶えたい願いを思い浮かべながら「かなえ滝」の写真を撮る**

DATA

三重県鈴鹿市山本町1871
TEL：059-371-1515
tsubaki.or.jp

日《ひ》枝《え》神《じん》社《じゃ》

神猿の〝まサル（＝勝る）〟パワーにあやかり、出世運を願う

1. 赤坂の街を見下ろす社殿。「山王さん」の名で親しまれている。2. 境内には夫婦の「神猿像（狛猿）」が鎮座。子猿を抱えた母猿に願うと“子授けや安産”、父猿は“仕事運・商売繁盛”の願いが叶うといわれている。

古くから江戸城の鎮守として祀られる神社で、主祭神は大山咋神《おおやまくいのかみ》。地主神として崇められ、酒造や農耕の神としても有名です。また商売繁盛、社運隆昌の神として崇敬され、赤坂という立地から大企業や政治家の方も多く参拝されています。

「日枝神社の社殿には、「神猿《まさる》」と呼ばれる〝猿〟が鎮座。大山咋神が山の神様なので、その使いである猿が敬われたそう。その音から「勝る」「魔が去る」と同義とされ、勝運の神や魔除けの神として最強！　また猿は「えん」とも読めるので「縁」を運ぶともいわれ、仕事や出世運のみならず、商売繁盛や縁結びのご利益もあります（彌彌告）」

倍運POINT

- ✓ 「神猿」像をなでながら祈願すると、より大きなご利益を授かる
- ✓ 稲荷参道の「千本鳥居」を抜けて、お稲荷さんにお参りする
- ✓ 「猿田彦神社」「八坂神社」「山王稲荷神社」の末社も参拝

DATA

東京都千代田区永田町 2-10-5
TEL：03-3581-2471
www.hiejinja.net

香川
Kagawa

八栗寺《やくりじ》・聖天堂《しょうてんどう》

四国霊場の霊験と「お聖天さん」のご利益で仕事運アップ

1.「八栗寺のお聖天さん」と呼ばれる歓喜天。2. 歓喜天のご利益のシンボル、ダイコンと巾着。3. 本堂や聖天堂以外にも、多くの神仏が祀られる。

八栗寺は、四国八十八カ所巡りの第85番札所。五剣山《ごけんざん》の中腹にあり、弘法大師・空海によって創建されました。商売繁盛や事業繁栄、学業成就、縁結びのご利益があるといわれていますが、特に仕事運と出世運アップを祈願したい人は、本堂だけでなく「聖天堂」にもお参りをしましょう。

「聖天とは仏教の守護神『歓喜天』のことで、商売繁盛や財運向上、良縁成就のご利益があります。本堂と両方お参りすることで倍運に！　また、聖天様は秘仏で、50年に一度ご開帳されるのですが、次回は2027年とのこと。貴重なこの機会にお参りすると、さらに運気がアップします（麻由古）」

倍運POINT

- ✓ 本堂と聖天堂、ともにお参りして仕事&出世運をアップ
- ✓ 50年に一度の貴重な御開帳の期間にお参りをする
- ✓ 天狗を祀る「中将坊堂」もお参りし、ご利益をいただく

DATA

香川県高松市牟礼町牟礼 3416
TEL：087-845-9603
yakuriji.jp/shouten/

健康

やっぱり体が資本！ 健康長寿のご利益にあやかれる地を訪れよう

大分
Oita

宇佐神宮（うさじんぐう）

厄除けパワーの強い「八幡さま」の総本宮で健康長寿を祈願

全国に四万社余りある「八幡さま」の総本宮である宇佐神宮。創建は725年、主祭神である八幡大神（はちまんおおかみ）は第十五代天皇・応神天皇のご神霊で、100年生きた長寿の人であることから健康長寿、病気平癒のご利益があるとされ、さらに弓矢の名手だったため「悪病、疫病除け」にもご神徳があるとされます。

3棟並ぶ国宝の本殿は、神社建築でも珍しい「八幡造」という建築様式です。一之御殿には八幡大神、二之御殿には比売大神（ひめおおかみ）、三之御殿には神功皇后（じんぐうこうごう）が祀られており、左の一之御殿から順に「二礼・四拍手・一礼」で参拝しましょう。これは出雲大社と同じ作法。また、片参りにならないよう、上宮、下宮共にお参りすることも必須です。

「境内の一角にある遥拝所から、御許山に鎮座する奥宮「大元神社」が参拝できるので、ぜひお参りしましょう。山登りでしか行けない聖地のご利益をいただける倍運スポットです。ほかにも、踏むと良縁に恵まれる『夫婦石』や、一生に一度だけ願いを叶えてくれる『願掛け地蔵』、菱形池や御霊水などのパワスポがたくさんあるので、いろいろご利益をいただいてください（彌彌告）」

1

3

2

写真／彌彌告

1. 華やかな朱塗りの荘厳な「宇佐神宮勅使門」。2. 宇佐神宮奥宮の「大元神社遥拝所」。左手に神様が下りられた「御許山」が望める。3. 宇佐神宮の神域を流れる寄藻川にかかる太鼓橋。4. 宇佐古来の形式をもつ「宇佐鳥居」。

4

倍運POINT

- ✓ **上宮・下宮ともに、一之御殿から順にお参りする**
- ✓ **「大元神社遥拝所」で奥宮を参拝**
- ✓ **八幡大神が顕現したといわれる菱形池と御霊水を参拝**

DATA

大分県宇佐市南宇佐 2859
TEL：0978-37-0001
www.usajinguu.com

島根
Shimane

一《いち》畑《ばた》薬《やく》師《し》

"目のお薬師さま"として名高い、薬師信仰の総本山

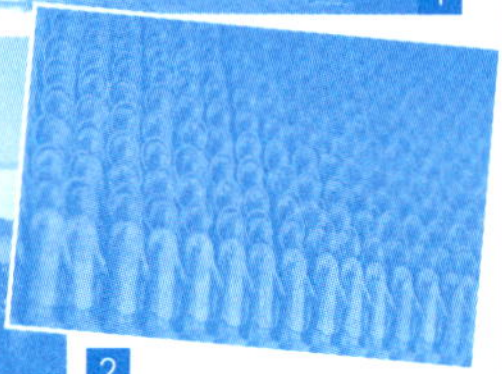

1. 本尊の薬師如来を祀る薬師本堂。2. 仏教で説かれている八万四千の法門（教え）を仏像として奉納された「八万四千仏」。3. 観音堂から見える雲海は、"八雲立つ"出雲といわれた由縁を感じる。

一畑薬師は禅宗のお寺で、1100年の歴史ある薬師信仰の総本山。出雲神話の舞台を一望できる島根半島の一畑山上にあり、1300段余りの石段の参道も有名です。薬師如来が病気平癒のご利益があるとされている中でも、一畑薬師は特に「目の病気」にご利益があるといわれています。

「一畑山では古くから薬草が栽培され、ここのお茶は万病に効き、眼病平癒に効果があるだけでなく、まぶたに塗ったり真言を唱えたりすることで目を守ってくれるといわれるので、ぜひやってみてください。また、境内に宿坊があり、写経や座禅、薬膳料理などが体験できます（彌彌告）」

倍運POINT

- ✓ 一畑山で採れた特別なお茶「お茶湯」をいただく
- ✓ 境内にある宿坊コテージで心身をリフレッシュ
- ✓ 千倍ご利益がある毎月8日の薬師如来縁日に参拝する

DATA
島根県出雲市小境町803
TEL：0853-67-0111
ichibata.jp

東京
Tokyo

烏《からす》森《もり》神《じん》社《じゃ》

東京都心、新橋の地を護る創建千年以上を誇る神社

1. 本殿。2. おみくじ・願い札・願い玉の3点からなる「心願色みくじ」は、願意や占うものにより4色ある。

東京・新橋駅からほど近いオフィス街の一角にひっそりと佇む烏森神社。平安時代(940年)に創建された歴史ある神社です。御祭神の神格から「商売繁盛」「芸事向上」のご利益があるといわれ、戦勝を祈願して創建されたという経緯から「必勝祈願」に訪れる人も多いのだそう。また、有名な癌封じの御守りがあり、都内屈指の健康運のご利益がある神社としても知られています。『心願色みくじ』のご利益が評判で、数々の著名人が訪れています。江戸の大半を焼いた「明暦の大火」でも類焼を免れたため、災難避けのご利益も両方いただける倍運神社です(麻由古)

倍運POINT

- ✓ 本殿を参拝し、健康に関する御守りをいただく
- ✓ 「心願色みくじ」の超大吉を引き当てると授与される、超大吉御守と福分けセットで強運をお裾分けする

DATA

東京都港区新橋 2-15-5
TEL：03-3591-7865
karasumorijinja.or.jp

宮城
Miyagi

秋《あき》保《う》神《じん》社《じゃ》

絶対に負けられない時に！ スポーツ界で有名な「勝負の神」

勝負の神として名高い、秋保神社。歴史は約1200年程前からと古く、坂上田村麻呂が蝦夷平定の際、この地に熊野神社を祀ったのが始まりとされています。室町時代に平盛房《たいらのもりふさ》が諏訪大社（長野県）にて戦勝祈願をし、成就したことから御分霊を現在の御祭神としてこの地に勧請。以降「戦勝の神様」として信仰を集め、武家の守護神として伊達家なども崇拝。建御名方神《たけみなかたのかみ》を主祭神とし、九柱の神様が祀られています。スポーツをはじめ、あらゆる勝負事に対する必勝祈願や心願成就に訪れる人が多く、その御神徳は全国に知られています。

そんな秋保神社名物ともいえるのが、参道に立ち並ぶ「勝負の神」の幟《のぼり》。プロスポーツ選手など多くの著名人が秋保神社を訪れ、幟旗に願いを込めて奉納しているそう。また、境内にある『勝石《まさるいし》』も有名。『魔が去る』ように願いを込め、素焼きの厄割玉を霊石『勝石』に向かって投げつけて割ることで、厄割玉に込めた悩みや災難を打ち砕いて厄を祓い、新たな〝勝運〟を引き寄せるのだそう。

「キラキラとした清々しい勝利の気が溢れる場所です。「勝負の神」旗の参道も有名で、羽生結弦選手をはじめアスリートが訪れることでも知られています。決意を固めたいときは是非！（麻由古）」

1

3

4

2

1. 拝殿。仙台藩・伊達家に庇護されて建立された。2. 魔が去り、新たな勝運を呼び込む「勝石」。3.「勝絵馬」は、商売繁盛や合格祈願、必勝祈願のご利益が。4. 参道沿いにはためく「勝負の神」の幟が圧巻。

倍運POINT

- ✓「勝負の神」幟、勝絵馬などで必勝祈願する
- ✓「勝石」で災難を打ち砕き、勝運を引き寄せる
- ✓ 毎月1、15日や第4日曜など期間限定の御朱印をいただく

DATA

宮城県仙台市太白区秋保町長袋字清水久保北22
TEL：022-399-2208
akiu.org

茨城
Ibaraki

鹿島神宮《かしまじんぐう》

歴代の武将が崇めた武の神様が見守る関東最強パワースポット

1

2

1. 武甕槌大神を祀る華麗な本殿。2. 地震を起こすナマズを押さえ込んでいるという御祭神の要石。ほかにも昔は参拝前に禊をしたという御神水が湧く御手洗池《みたらしいけ》など、見どころがたくさん。

「息栖神社」「香取神宮」と共に東国三社に数えられ、歴史ある神社の一つです。創建は神武天皇元年と伝えられ、御祭神は武の神である武甕槌《たけみかづちの》大神《おおかみ》。初代天皇・神武天皇を救ったとされ、厄災・災害から人々を守る国家鎮護の神としても知られており、主なご利益は必勝祈願です。また、御神宝の常陸帯《ひたちおび》にちなみ、縁結び・安産祈願にもご利益があるといわれています。

「県の天然記念物に指定されている広大な境内の森は、なんと東京ドーム15個分。森自体がご神域のパワースポットなので、ゆっくりと散策しながらこの地の気をいただきましょう。(麻由古)」

倍運POINT

- ✓ 雷や剣を司り、武の神である武甕槌大神の神威にあずかる
- ✓ 奥宮、要石と御手洗池は特にパワーが強いので忘れずに参拝
- ✓ 多くのパワーをいただけるよう、時間に余裕を持って境内を散策

DATA

茨城県鹿嶋市宮中 2306-1
TEL：0299-82-1209
kashimajingu.jp

山梨
Yamanashi

軍《ぐん》刀《だ》利《り》神《じん》社《じゃ》

軍神として勝利を導く秘境の神社で渾身の願掛けを

1～3. 写真／彌彌告

1. 拝殿横には日本武尊に由来する神剣「草薙剣《くさなぎのつるぎ》」の像。2. 神々しい雰囲気を放つ奥之院。手前には御神木の山梨県指定天然記念物「奥之院の大桂」が。3. 森の中に佇む鳥居が神秘的。

500年の歴史を持つ軍刀利神社は、厄除け、招福・縁結びなどのご利益があると有名な神社です。元々は「軍《ぐん》荼《だ》利《り》夜《や》叉明王《しゃみょうおう》社」と呼ばれ、軍神として武田信玄や岩殿城主から崇敬されていたそう。

拝殿横には、御祭神である日本武尊《やまとたけるのみこと》の東征に由来する巨大な剣が立っており、パワースポットとしても注目されています。

「参道の長い石段を上り、ご神域に入ると凛とした空気を感じます。参拝後は奥之院へ。御神木の大桂は〝縁結びの桂〟ともいわれ、強い縁をつないでくれます。ここぞという勝負時に、この地の気をいただくために訪れたい場所です（彌彌告）」

倍運POINT

- ✓ 武神「日本武尊」のご利益にあやかり必勝祈願
- ✓ 本殿を参拝した後、奥之院も必ずお参りする
- ✓ 御神木の大桂からもパワーをいただく

DATA
山梨県上野原市棡原 4133
TEL：0554-67-2916
www.yamanashi-kankou.jp/rekitabi/jisha/spot/265.html
（公益社団法人やまなし観光推進機構）

繁栄
商売繁盛や事業繁栄など栄華をもたらし、隆盛に導く

石川
Ishikawa

白《しら》山《やま》比《ひ》咩《め》神社《じんじゃ》

〝あらゆる良縁を結ぶ神様〟のご利益で子孫繁栄を願う

霊峰白山を御神体とする、全国に約３０００社ある白山神社の総本宮で加賀一ノ宮。約２１００年前、崇神天皇の時代に本宮の北にある船岡山に神地を定めたのが創建とされ、歴史を感じさせる荘厳な雰囲気の神社です。主祭神は白山比咩大神（菊理媛尊《くくりひめのみこと》）。伊弉諾尊《いざなぎのみこと》と伊弉冉尊《いざなみのみこと》が、黄泉の国との境界、泉平坂《よもつひらさか》で対峙したとき、二人の仲裁をしたといわれています。菊理媛の「くくり」は「括る」にもつながり、「和合の神」「縁結びの神」とされ、あらゆる良縁を結ぶ神様として親しまれています。また、その伊弉諾尊・伊弉冉尊の夫婦神もお祀りしていることから、そのご利益は恋愛成就、夫婦円満、五穀豊穣、生業繁栄、身体健全と多岐に渡り、子孫繁栄に必要なあらゆるご利益が受けられる、まさに繁栄の神様です。

「古くから霊山信仰の聖地として仰がれている白山の伏流水をいただける水汲み場があり、この霊水を飲むと心と体が浄化され、健康になるといわれています。また、本殿横にある「白山奥宮遥拝所」や裏にある「禊場」もパワースポット。とくに境内に禊場がある神社は珍しく、禊体験のツアー（白山市観光連盟主催）が定期的に開催されているので、あわせて体験するとさらに運気がアップします（彌彌告）」

1

2

3

4

1. 切妻造りが優美な「外拝殿」。境内には白山からの水が流れ、澄んだ空気に満ちています。2. 荘厳な雰囲気が漂う「禊社・禊場」。3. 標高2702 mの白山山頂に鎮座する「白山奥宮」。4. 境内から白山山頂の奥宮を拝める「白山奥宮遥拝所」。

倍運POINT

- ✓ **延命長寿の霊水として名高い白山の霊水をいただく**
- ✓ **霊峰白山の伏流水で身も心も清める『禊《みそぎ》体験』をする**
- ✓ **毎月1日の「おついたちまつり」に参加する**

DATA

石川県白山市三宮町ニ 105-1
TEL：076-272-0680
www.shirayama.or.jp

※禊体験に関しての問い合わせはすべて「白山市観光連盟（TEL：076-259-5893）」へ。

與《よ》止《ど》日《ひ》女《め》神《じん》社《じゃ》

長寿や夫婦円満のご神徳がある水の神様を祀る「肥前一宮」

写真／彌彌告

1. 現在の社殿は約200年前に再建。2. 子授かりの御神徳が伝わる男女石「金精さん」。3.「肥前鳥居」の特徴を持つ三の鳥居。佐賀市重要文化財。

與止日女神社は５６４年に創建されたとされ、平安時代から肥前一の宮として信仰を集めてきた歴史ある神社です。御祭神である與止日女命《よどひめのみこと》は、海や川、水の神様として敬われ、農業や水産業、海運にご利益があるとされており、家内安全、交通安全などを祈願する参拝客で賑わいます。また、境内には子授かりや安産のご神徳が伝わる「金精さん」や、学問の神様をまつる天満宮も。

「一族繁栄のご利益を授かるのに良い神社。御神木の霊木『大楠』は、長寿にあやかれるスポットで、また神社参拝後に『夫婦杉』と呼ばれる杉の周りを回ると、子孫繁栄が叶うそう（彌彌告）」

倍運POINT

- ✓ 御神木の「大楠」にお参りし、長寿にあやかる
- ✓ 「夫婦杉」の周りを回って子孫繁栄を祈願
- ✓ 子供が欲しい人は「金精さん」にお願いする

DATA

佐賀県佐賀市大和町大字川上1-1
TEL：0952-62-5705
yodohime-jinja.jimdofree.com

東京
Tokyo

増上寺《ぞうじょうじ》

徳川将軍家とゆかりの深いお寺で、繁栄の運気を授かる

1. 極楽の世界を視覚的に表現したといわれる「大殿」。
2. 「徳川将軍家墓所」。戦争で焼失し改葬された。

東京タワーの目の前にある増上寺は、600年の歴史を持つ浄土宗の七大本山の一つ。江戸時代、徳川家康公の信仰を得たことをきっかけに、徳川将軍家の菩提寺となった格式高いお寺です。また、家康が戦の時にも携えていた阿弥陀如来像「黒本尊」を安置していることでも知られ、江戸の裏鬼門（南西）を護る徳川幕府の要のお寺だったそう。「増上寺の周りに多くのお寺が建立されたように、時の権力が集まった場所で、未だにエネルギーが強いパワースポットです。東京タワーとのツーショット写真が縁起がよく、携帯の待ち受けにすると運気がさらにアップ！（麻由古）」

倍運POINT

- ✓ 東京タワーと増上寺の写真を撮って携帯の待ち受けに
- ✓ 年3回（お正月、5月・9月の15日）のみ開帳される「黒本尊」にお参りする
- ✓ 徳川家康家墓所もあわせてお参りする

DATA

東京都港区芝公園4-7-35
TEL：03-3432-1431
www.zojoji.or.jp

悪縁を断ち切り良縁を結ぶ！　人間関係に悩んだ時に駆けこみたい

京都
Kyoto

安井金比羅宮《やすいこんぴらぐう》

あらゆる悪縁を断ち切ってくれる最強の〝縁切り〟スポット

京都にある〝縁切り〟神社として有名なのが、安井金比羅宮です。御祭神は崇徳《すとく》天皇・大物主神《おおものぬしのかみ》・源頼政公の三柱。崇徳天皇が配流となった際、讃岐の金刀比羅宮で一切の欲を断ち切って参籠《おこもり》されたことから、古くから断ち物の祈願所として信仰されてきたのだそう。また、戦によって寵妃と別れざるを得なかったため、幸せの妨げとなるすべての悪縁を絶ち切ってくれるご神徳があります。男女の縁など人間関係はもちろん、病気、酒、煙草、賭事など、すべての悪縁を切ることで、良縁を結ぶことができるのだとか。また、一緒に祀られている大物主神は、古くから道開きの神様として知られ、海上交通・交通安全・開運や商売繁盛にもご利益があるとされています。

「ただの縁切りではなく、切るべき縁は切って新たな良縁に結びつけてくれる、最強の縁切り神社。境内には有名な『縁切り縁結び碑《いし》』があり、形代に願いを書き、願いごとを念じながら真ん中に開いた穴をくぐって悪縁を断ち、再び裏からくぐることで良縁を結んでくれるといわれています。ご利益がとても強いので、ここぞという時に参拝をしましょう。（彌彌告）」。

1

3

2

1. 三柱の御祭神を祀る本殿。
2. 願い事を書く身代わりのお札「形代」（100円程度志納）。
3. びっしりと形代が貼られた「縁切り縁結び碑」。絵馬のような形をした巨石で、中央の亀裂を通して神力が穴に注がれるとか。

倍運POINT

- ✓ まずは本殿を参拝して縁切りを祈願する
- ✓ 「縁切り縁結び碑」の御祈願作法にのっとり縁切りをする
- ✓ さらに「御神札」や「悪縁切守」をいただく

DATA

京都府京都市東山区下弁天町70
TEL：075-561-5127
www.yasui-konpiragu.or.jp

走水神社《はしりみずじんじゃ》

日本武尊の神話が残る、知る人ぞ知る横須賀のパワースポット

1～3. 写真／彌彌告

1・3. 石段を上った先に本殿が。『古事記』や『日本書紀』にも由来が記載されている歴史ある神社。2. 横須賀港を見下ろす高台に鎮座。

走水神社は、村民が日本武尊より賜った「冠」を石櫃《いしびつ》に納め、その上に社殿を建て日本武尊《やまとたけるのみこと》を祀ったことが走水神社の始まりだと伝えられています。御祭神は日本武尊と、その妻である弟橘媛命《おとたちばなひめのみこと》。弟橘媛命は、日本武尊と共に上総国へ向かう際、荒れ狂う海に自らの身を投げて海を鎮めたといわれています。二人の深い愛と信頼感から、縁結びや人間関係にご利益があるといわれています。

「夫婦神が祀られているせいか、人間関係の修復にとても効果があります。諏訪神社、神明社、須賀神社が祀られている裏山の奥が特にパワーが強いので、あわせてお参りすると倍運に（彌彌告）」

倍運POINT

- ✓ 弟橘媛命に殉じた侍女を祀る別宮も参拝
- ✓ 三社（諏訪神社、神明社、須賀神社）が祀られた裏山でパワーチャージする
- ✓ 河童の伝説もある水神社もお参りする

DATA
神奈川県横須賀市走水 2-12-5
TEL：046-844-4122
www12.plala.or.jp/hasirimizujinjya/

宮城
Miyagi

瑞鳳殿《ずいほうでん》

政宗公の威光を感じる、仙台の杜に佇む美しい御霊屋

写真提供／瑞鳳殿

写真提供／瑞鳳殿

1. 彩色が美しい御霊屋。2. 涅槃門。敷地内には、二代、三代の霊屋の他、発掘調査の資料を展示する資料館が。

1637年に建立された瑞鳳殿は、仙台藩主・伊達政宗公の御霊が眠る霊屋《おたまや》で、境内には歴代藩主の墓所にもあります。桃山建築を継承する豪華絢爛な廟建築は、1931年に国宝に指定されるも戦災によって焼失、現在の建物は1979年に再建されたもの。お参りすると、仙台藩の初代藩主となった政宗公の威光に預かり、出世運や事業繁栄のパワーがもらえると大注目に。

「君主と離れたくないと、殉死された家臣たちの供養塔が囲むようにあり、君臣の結束や強い想いを感じる場所。美しい自然に囲まれたとても気が良い地で、歩くだけで清々しい気持ちに（麻由古）」

倍運POINT

- ✓ 瑞鳳殿など、伊達家三藩主の霊屋を参拝する
- ✓ 仙台城下の四神獣、南の護りと言われる朱雀の土地のエネルギーをいただく
- ✓ 春先になると出没するカモシカに遭遇したらラッキー

DATA

宮城県仙台市青葉区霊屋下 23-2
TEL：022-262-6250
www.zuihoden.com

厄払い
穢れを祓い厄災を遠ざける最強スポットで、身も心も清める

大阪
Osaka

𪮷𪮃𪮷𢭏神社《さむはらじんじゃ》

古くから伝わる身を守る護符「サムハラ」の神威で、無病息災を祈願

『古事記』に伝わる一番初めに誕生した神様、天之御中主大神《あめのみなかぬしのおおかみ》、高皇霊産大神《たかみむすびのおおかみ》、神皇霊産大神《かみむすびのおおかみ》をお祀りする神社です。「サムハラ」とは三神の総称のこと。日本神話におけるすべての神々の親神であるといわれています。三神は神話の初めに造化神として現れ、万象を生みなす御神力をもって、厄事災難除、無傷安全、無病息災、延命長寿などの御神徳をいただけるとされています。

また、その文字には災難を防ぐ、身を守るなどの力があるといわれていて、古くから身を守る護符に記す文字として使われたそう。その歴史は４００年以上前に存在した「サムハラ」の文字が刻まれた石碑に由来。当時、石碑を拝み、刻まれた神字を書き写して身に着けると矢玉避けのご利益があると信じられ、古くは武士が、戦時中は従軍兵士などが身に帯びたのだとか。現代では厄除けのパワースポットとして注目され、全国から参拝の人が訪れています。

「厄除けの御守りが人気で、なかでも『御神環』と呼ばれる指輪形の御守りが人気すぎて入手困難と有名。最近授与が再開され、今は3年待ちだそう！ 奥之宮もパワーが強いのでぜひ参拝を（彌彌告）」

1

4

2

3

5

1・2. ビジネス街の中心に鎮座する本殿。3・4. 津山市加茂町にある奥之宮。もともと古祠があった場所に再建された社殿を、近年になり現在地に遷座。5. 指輪形の「御神環守」。ペンダント形御守「銀環《ぎんかん》守」「銀小札《ぎんこざね》守」などもあり、災難除けの御守りの御神徳はどれも等しいそう。

倍運POINT

- ✓ 本殿を参拝し、厄除けや無病息災を祈願
- ✓ “サムハラ”の文字入りの御守りを身に付ける
- ✓ 奥之宮を参拝してより強力な加護をいただく

DATA

大阪府大阪市西区立売堀2丁目5-26
TEL：06-6538-2251
www.samuhara.or.jp

山寺《やまでら》（宝珠山立石寺）

水墨画のような美しい景観の、芭蕉の名句に残る天空の山寺

1. 本堂にあたる根本中堂。最澄が中国から比叡山に持ち帰ったとされる灯、1000年以上絶えずに灯る「不滅の法灯」がある。2. 入口の山門。3. 納経堂・開山堂。

正しくは宝珠山立石寺といい、貞観２（８６０）年に清和天皇の勅願によって、慈覚大師・円仁が比叡山延暦寺の別院として開山した天台宗のお寺。山全体が修行と信仰の場になっており、登山口から山頂の奥之院まで１時間程の道のり。松尾芭蕉が「閑さや岩にしみ入る蝉の声」の名句を「奥の細道」に残したことでも知られています。

「入口の山門から続く１０１５段もある長い石段も有名で、登ることにより煩悩が消滅すると言われている、ありがたい修行の石段なのだそう。階段を上りきった先はまさに絶景。山全体が清浄な空気に満ちています（麻由古）」

倍運POINT

- ✓ 1000段を超える石段を上り煩悩を消す
- ✓ 山全体に満ちている良いエネルギーをいただく
- ✓ 1000年以上絶えずに灯る「不滅の法灯」を拝む

DATA

山形県山形市山寺 4495-15
TEL：023-695-2816
（山寺観光協会）
www.yamaderakankou.com
（山寺観光協会）

東京
Tokyo

大國魂神社《おおくにたまじんじゃ》

関東圏に住んでいるなら訪れたい、武蔵国を守護する神社

1. 拝殿の奥に御祭神を祀る本殿が。
2. 御影石製では日本一と言われている大鳥居。

大國魂大神《おおくにたまのおおかみ》を武蔵国の守り神としてお祀りした神社で、創建は約１９００年前の１１１年。のちに武蔵国各所の神様が合わせてお祀りされ武蔵国の総社となり、名立たる武将からも篤く信仰された歴史ある神社です。大國魂大神は大国主大神《おおくにぬしのおおかみ》と同じ神様と言われ、その昔、武蔵国を開き、人々に衣食住の道を教え、医療法や呪いの術を授けたと伝えられています。また、福の神とも呼ばれ、縁結び、厄除け・厄払いのご利益があるとされます。
「有名なのが、人形に穢れをうつして川に流す厄払い『人形《ひとがた》流し』。気軽にできて身体がスッと軽くなるのでおすすめです（麻由古）」

倍運POINT

- ✓ 体の気になる部分と同じ所をなでてから人形を流す
- ✓ 本殿裏手にあるご神木からパワーをいただく
- ✓ 武蔵国・鎮守勅祭の社で関係の深い、さいたま市にある「氷川神社」もあわせて参拝する

DATA
東京都府中市宮町 3-1
TEL：042-362-2130
www.ookunitamajinja.or.jp

三重
Mie

猿田彦神社《さるたひこじんじゃ》

人生に迷ったら！ 物事を良い方へと導く〝みちひらき〟の神様

猿田彦神社は、物事のはじまりに道しるべとなって、何事も良い方向へと導く「みちひらき」の神様として知られています。主祭神は日本神話に登場する猿田彦大神《さるたひこおおかみ》。天孫降臨の際、神々の道案内をしたと伝わる神様です。その後、天宇受売命《あめのうずめのみこと》と一緒に本拠地であるこの地に戻り、大神直系の子孫が宮司を務める神社です。道開きや道案内の神として広く信仰され、新しいことを始める時や進むべき道に迷っている時にお参りすると、良い方向（成功）に導くといわれています。そのほか方位除け、五穀豊穣、事業開運、交通安全など多くのご利益があり、政治家や経営者も多く参拝されるそう。

「迷いがあったり、突破したいことがある時に効果的。御本殿前に方位石があり、かつては御神座があった神聖な位置でパワースポットともいわれています。手で触れると力が頂けると人気です。また境内に天宇受売命を祀る「佐瑠女《さるめ》神社」もあります。芸能・芸術・縁結びの神様なので、猿田彦神社でみちひらきのお願いをし、佐瑠女神社で良いご縁があるようにお願いすると倍運に（麻由古）」「人気の高さが納得の、とてもパワーのある神社。御守りもご利益が高いと評判です（彌彌告）」。

1

3

4

2

1. 大鳥居と御本殿。2.「職人さんが一つひとつ作ったという鈴『五十鈴』。朝晩のお祓いに使えておすすめです（彌彌告）」。3. 昔の神殿跡を印して方角を刻んだ八角の石柱「古殿地」。4. 境内社「佐瑠女神社」。

倍運POINT

- ✓ 道開きの石（方位石）に触れてパワーをいただく
- ✓ 佐瑠女神社も参拝し良いご縁があるように祈願する
- ✓「はじめの一歩御守」でゼロイチをつくる

DATA

三重県伊勢市宇治浦田 2-1-10
TEL：0596-22-2554
www.sarutahikojinja.or.jp

千葉

Chiba

香《か》取《とり》神《じん》宮《ぐう》

神代に活躍した武神を祀る、道開きのパワースポット

1

2

3

1. 本殿。国の重要文化財に指定。2. 地震封じの「要石」。強い霊力が宿っているとされる。
3. 鳥居河岸（津宮浜鳥居）。経津主大神が上陸したと伝わる場所。

下総国の一宮で、全国約400社の香取神社の総本社。約2600年前に創建され、伊勢神宮、鹿島神宮と並び、〝神宮〟を名乗ることを許可された数少ない神社です。また、「意を決する場所」としても有名で、仕事運や新たなスタートを切る人の道開きにご利益があるとされています。主祭神の経《ふ》津《つ》主大神《ぬしのおおかみ》は霊剣「布都御魂《ふつのみたま》」の神格化ともいわれ、武の神・刀剣の神としても崇敬されています。厄払いや勝負、縁結びにもご利益があるといわれるので、人生の大勝負に臨む方にもおすすめです。「鹿島神宮の御祭神、武甕槌大神《たけみかつちのおおかみ》とは関係が深いので、あわせてお参りするのがおすすめ（彌彌告）」

倍運POINT

- ✓ 経津主大神の荒魂を祀る奥宮でパワーをいただく
- ✓ 「要石」に宿る強い霊力をもらう
- ✓ 願いを叶えるという「三本杉」にお参りする

DATA

千葉県香取市香取 1697-1
TEL：0478-57-3211
katori-jingu.or.jp

福岡
Fukuoka

太《だ》宰《ざい》府《ふ》天《てん》満《まん》宮《ぐう》

道も運も開く神様をお参りして学問、芸術の才能を開花！

1

2

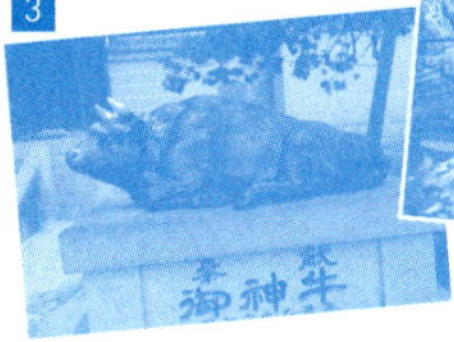

3

4

1. 御本殿大改修期間中に御神霊が遷っている仮殿。2. 心字池に3つの太鼓橋がかかり、過去・現在・未来という三世一年を表す。3. 頭を撫でると知恵を授かるという「御神牛」。4. 開運をもたらす「天開稲荷社」。

写真提供／太宰府天満宮

学問・文化芸術の神様と称される菅原道真公が祀られ、「天神さま」の愛称で親しまれる太宰府天満宮。受験合格や学問成就のご利益で知られていますが、もう一つ有名なのが「厄除け」。境内にひょうたんがたくさん掛けられていて、「梅の木の下でひょうたん酒を飲むと難をのがれる」という伝承から、厄晴れひょうたんで祈願するとか。

「さらに、おすすめしたいのが『天開稲荷社』。天に道が開け、運気が上昇する神社として信仰されています。学業や才能が向上し、難を逃れる厄除けのご利益まである！　3倍運間違いなしの最強神社です（麻由古）」

倍運POINT

- ✓「天開稲荷社」で、運気上昇を祈願
- ✓ 11体いるという「御神牛」を見つけて頭をなでる
- ✓「厄晴れひょうたん」で厄除けを祈願する

DATA

福岡県太宰府市宰府4丁目 7-1
TEL：092-922-8225
www.dazaifutenmangu.or.jp

Column 5

異世界パワースポット

まるで異空間に飛び込んでしまったかのような、現実離れした体験ができる場所が日本国内にも多く存在します。そんなミステリースポットなら神様からの声が聞こえるかも…！

真脇遺跡

謎に包まれた
ウッドサークルが残る古代遺跡

石川県能登半島沿岸にある真脇縄文遺跡は、縄文時代前期から晩期に至る約4,000年もの間、人々が住み続けた全国でも珍しい集落遺跡。何らかの儀式に用いられたと考えられている、謎の環状木柱列（ウッドサークル）の痕跡が発見されたことでも有名です。復元されたという高さ約7mのウッドサークルは、神秘的なパワーを感じる異空間。内側に佇んで空を見上げていると、本当に未確認飛行物体でも降臨してきそう。

DATA

真脇遺跡縄文館　石川県鳳珠郡能登町字真脇48-100
www.mawakiiseki.jp

石垣島「マングローブ林」

輪廻転生の意味を改めて感じる
神秘の森

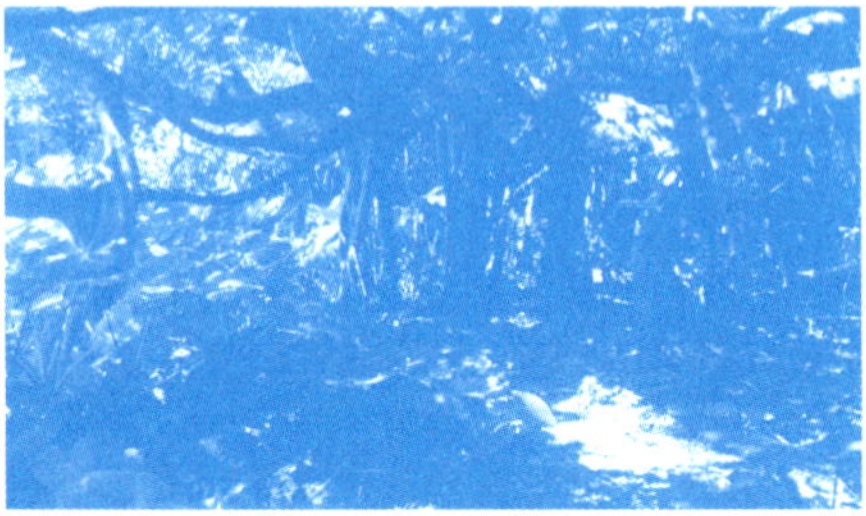

主に亜熱帯域に生息するマングローブですが、石垣島にもマングローブ林があり、観光スポットにもなっています。そもそも「マングローブ」という名前の植物はなく、海水と淡水が混ざり合う汽水域《きすいいき》に生える植物の総称。石垣島にいくつか群生林があるなか、伊原間のマングローブ林は、地図にも載らない地元の人だけが知っている場所。ここは動物たちが死に場所を求めて、自ら森の一部になるために来るという聖地。うっそうと茂る神秘の森はまるで黄泉の国に迷い込んだようで輪廻転生を感じさせる地です。

DATA

石垣市伊原間　国指定天然物・パリ石の近く

6章

九星の吉方位を利用して 最強の 倍運アクション

吉方位へ出掛ける「方位取り」は、今の自分に足りない運気を取りに行く、即効性が高い開運法のひとつ。旅を楽しみながら体に溜まった悪い運気をリセットし、運を取りに行くことができます。「運地」に吉方位を掛け算することで、自分の運気をよりパワーアップしましょう。

運地×吉方位の効果とは？

「吉方位」とは、自分に良い運気をもたらしてくれる方位のこと。土地には磁気のような気の流れがあり、いい方位に行くことで良い気をもらうことができます。また、自分にとってのいい方位（吉方位）に出かけることを「方位取り」といいます。方位取りをすることで、日々のストレスなど体に溜まった悪い気をリセットし、本来自分が持っている力を取り戻すことができます。直感力や判断力が上がるなど、運気の流れを上げていくことができるのです。

4章・5章でご紹介した運地は、そこに訪れるだけでも十分運気を上げることができますが、さらに「吉方位」のタイミングで出かけることで、より強い運＝〝倍運〟をつかむことができます。吉方位は、その人の生まれた年と月から導かれるもので、九星気学の「本命星」と「月命星」で決まります。

九星気学は中国の陰陽五行思想や九星術をベースに、日本で発展した占術です。生年月日から割り出した「本命星」と「月命星」を使い、基本的な性格や運勢を判断することができます。毎年毎月変わる吉方位もこの2つによって導き出されるので、まずは188ページの早見表で自分の星を確認しましょう。

方位取りは即効性がありますが、持続性はありません。可能であれば、3カ月〜半年に1回くらいのペースで出かけるようにすると効果的です。とはいえ、運地に行くだけでもかなりの効果がありますので、楽しみながら取り入れられるところからやってみて下さい。

また、九星気学では立春（2月3日前後）から新しい一年と数えるのですが、年の変わり目（2月1日〜2月9日）は、気が定まっておらず乱れているので、この期間は避けるようにしましょう。

さらに、毎年必ず、全員が大凶にあたる方位が3つあります（本書では無印）。そのときは、方位の影響が大きくなる長距離の移動を避けたり、滞在時間を短くしたりなどの工夫をするのがおすすめです。どうしても大凶方位に行かなくてはいけない場合は、氏神様にお参りをし、方位除けをしてから行くと安心です。御守りや塩を身につけていくのもいいでしょう。何事もなく来れたら、3カ月以内に御礼参りに行くのも忘れずに。

旅先に着いたら、2時間以上はその場所に滞在し、土地のエネルギー＝良い気を取り入れましょう。できれば宿泊するといいでしょう。大地からの気を一番吸収できるのが、寝ているときです。また、その土地で採れた食べ物を取り入れるのも効果的。旬の野菜や果物を食べて、体内からもエネルギーを吸収してください。

〈 倍運の吉方位の選び方 〉

STEP 1 自分の「本命星」と「月命星」を知る

吉方位は九星気学の「本命星」によって導き出され、毎年毎月変わります。本命星が主となりますが、35才以下の方は「月命星」の影響も受けます。早見表で自分の本命星と月命星を調べ、両方の吉方位を確認しましょう。18才未満の方は、本命星ではなく月命星を参考にします。

本命星早見表

一白水星	二黒土星	三碧木星	四緑木星	五黄土星	六白金星	七赤金星	八白土星	九紫火星
令和8 2026年	令和7 2025年	令和6 2024年	令和5 2023年	令和4 2022年	令和3 2021年	令和2 2020年	令和1 2019年	平成30 2018年
平成29 2017年	平成28 2016年	平成27 2015年	平成26 2014年	平成25 2013年	平成24 2012年	平成23 2011年	平成22 2010年	平成21 2009年
平成20 2008年	平成19 2007年	平成18 2006年	平成17 2005年	平成16 2004年	平成15 2003年	平成14 2002年	平成13 2001年	平成12 2000年
平成11 1999年	平成10 1998年	平成9 1997年	平成8 1996年	平成7 1995年	平成6 1994年	平成5 1993年	平成4 1992年	平成3 1991年
平成2 1990年	平成1 1989年	昭和63 1988年	昭和62 1987年	昭和61 1986年	昭和60 1985年	昭和59 1984年	昭和58 1983年	昭和57 1982年
昭和56 1981年	昭和55 1980年	昭和54 1979年	昭和53 1978年	昭和52 1977年	昭和51 1976年	昭和50 1975年	昭和49 1974年	昭和48 1973年
昭和47 1972年	昭和46 1971年	昭和45 1970年	昭和44 1969年	昭和43 1968年	昭和42 1967年	昭和41 1966年	昭和40 1965年	昭和39 1964年
昭和38 1963年	昭和37 1962年	昭和36 1961年	昭和35 1960年	昭和34 1959年	昭和33 1958年	昭和32 1957年	昭和31 1956年	昭和30 1955年
昭和29 1954年	昭和28 1953年	昭和27 1952年	昭和26 1951年	昭和25 1950年	昭和24 1949年	昭和23 1948年	昭和22 1947年	昭和21 1946年

月命星早見表

生まれ月／生まれ年 九星（本命）	2月	3月	4月	5月	6月	7月	8月	9月	10月	11月	12月	1月
一白水星 四緑木星 の人 七赤金星	八白土星	七赤金星	六白金星	五黄土星	四緑木星	三碧木星	二黒土星	一白水星	九紫火星	八白土星	七赤金星	六白金星
三碧木星 六白金星 の人 九紫火星	五黄土星	四緑木星	三碧木星	二黒土星	一白水星	九紫火星	八白土星	七赤金星	六白金星	五黄土星	四緑木星	三碧木星
二黒土星 五黄土星 の人 八白土星	二黒土星	一白水星	九紫火星	八白土星	七赤金星	六白金星	五黄土星	四緑木星	三碧木星	二黒土星	一白水星	九紫火星

九星気学では立春から新しい一年と数えるので、1月1日～2月3日（節分）の間に生まれた人は、前年の九星が本命星になります。

例〉平成29年2月1日生まれの人は、一白水星ではなく二黒土星。
※立春は2月3日前後で、年によりどの日になるかが変わります。誕生日が2月2日～5日の人は、生まれた年の立春の日を調べるのをおすすめします。

STEP 2　吉方位を確認

191ページからの「星別の吉方位表」で、吉方位を確認。二人以上で出かける場合は、できるだけ全員の吉方位を選ぶように心掛けて。難しい場合、家族ならその家の主人の方位を最優先に。親子なら親の吉方位、友人同士やカップルならば、より運気アップが切実な人を優先しましょう。
また、☆マークの方位は短距離〜長距離まで、どんな旅行も大吉に。◉マークの方位は自宅から400kmの距離までなら大吉。⊛マークの方位は影響が少なくすむので、みんなと行く時の参考に。

吉方位表の見方

☆＝大吉方位、◉＝月の吉方位、⊛＝年の吉方位
※九星気学では2月の立春からが新しい年になり、1月から節分までは前年の星回りになります。

「月変わりの日」を確認

九星気学の「月の変わり日」は〝1日〟ではなく、節気によります。各月は節入日から始まり、翌月の節入日までを1カ月とします。ただ、節入り前後も気が乱れるので避けた方が良いため、毎月10日〜翌月の3日くらいまでの期間と思っておくとよいでしょう。
※節気は、国立天文台の「二十四節気および雑節（https://eco.mtk.nao.ac.jp/koyomi/yoko/）」から調べることができます。

「土用殺」は避ける！

毎年、次の期間、方角が土用殺（大凶方位）となります。土用殺方位は五黄殺と同様の凶作用があるので避けた方がよいでしょう。
1/17 〜2月節明け：東北、7/19 〜8月節明け：西南、4/17 〜5月節明け：東南、10/20 〜 11月節明け：北西

STEP 3　自分の吉方位から行先を決定

九星気学で方位を割り出す場合は、自宅を基点にして、地図上の真北ではなく磁北を中心に測ります。磁北はやや西に傾いていて、その角度はおよそ6〜7度です。これを「西偏角度」といい、住んでいる場所によって異なります。偏角についての詳しい解説は、国土地理院のサイト（https://www.gsi.go.jp/）を確認してください。

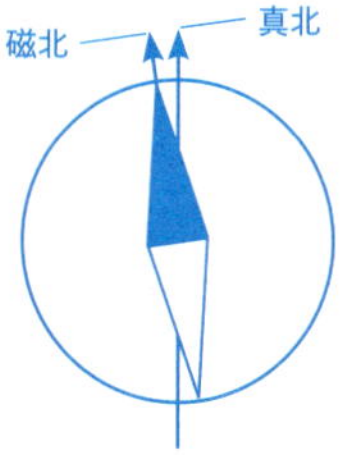

主な都市の西偏角度

都市名	度数
札幌	9°30'
仙台	8°10'
新潟	8°20'
東京	7°20'
横浜	7°20'
名古屋	7°40'
京都	7°30'
大阪	7°20'
神戸	7°30'
広島	7°30'
福岡	7°20'
那覇	5°00'

各方位が持つ基本的な運気

九星気学の方位を表す八方位の角度は均等ではなく、自宅を基点に東西南北が各30度、北東、南東、南西、北西が各60度になっています。方位にはそれぞれ異なる意味と作用があります。まずは、自分の吉方位になった場所に出掛けて、その効果を感じてみて下さい。

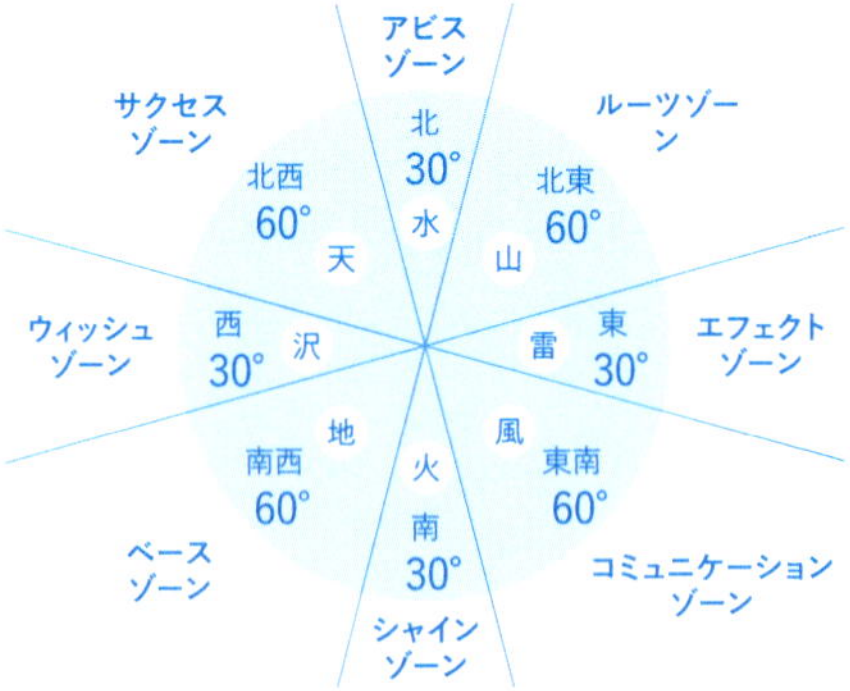

サクセスゾーン　北西：六白金星

神仏・上司・上質・出世・支援・スポンサー

〈 吉方位で得られる効果 〉

玉の輿運・出世運・事業繁栄・格上げ・
高級なものと縁ができる

ウィッシュゾーン　西：七赤金星

楽しい・臨時収入・モテる・社交・人気・
趣味・華やか

〈 吉方位で得られる効果 〉

金運・恋愛運・社交運・商売繁盛・人気運
臨時収入

ベースゾーン　南西：二黒土星

基盤作り・家庭・忍耐・地道な努力・裏鬼門・
守り・成長

〈 吉方位で得られる効果 〉

家庭運・着実な一歩・不動産運・安産
働く意欲が増す・育成能力

シャインゾーン　南：九紫火星

名誉・直感・美・物事が明確になる・別れ・知識・
人前に立つ・人気

〈 吉方位で得られる効果 〉

名誉運・人気運・仕事運・美容・直感・ひらめき・
地位・悪縁が切れる・ダイエット成功

アビスゾーン　北：一白水星

創造・精神・浄化・ものごとのはじまり
潜在意識

〈 吉方位で得られる効果 〉

健康運・子宝・物事の種まき・学習・貯金
愛情が深まる・集中力

ルーツゾーン　北東：八白土星

土地・先祖・実家・鬼門・仕分ける・
新たな目標

〈 吉方位で得られる効果 〉

不動産運・相続・実家・変化・土地の縁

エフェクトゾーン　東：三碧木星

新規・行動・情報・モチベーションアップ
若者・吉報

〈 吉方位で得られる効果 〉

発展運・進展運・良い情報・芽が出る・
物事の勢いがつく・チャレンジ精神

コミュニケーションゾーン　東南：四緑木星

良縁・信用・風にのる・人間関係・自由

〈 吉方位で得られる効果 〉

良縁・結婚運・商売繁盛・繁栄・伝わる・
SNS・柔軟な思考

一白水星の吉方位

2026年2月～2027年1月

方位	北	北東	東	東南	南	南西	西	北西
2月				●				
3月				●				
4月		⊛	●			☆	⊛	
5月		⊛	●	●		⊛	☆	
6月							☆	
7月								●
8月							☆	
9月		☆				☆	☆	
10月		☆	●			☆	⊛	
11月								
12月				●				
1月			●				⊛	

2027年2月～2028年1月

方位	北	北東	東	東南	南	南西	西	北西
2月			☆				●	
3月			⊛					
4月						⊛		
5月			⊛				●	
6月			⊛			☆	●	
7月			☆					
8月				●				
9月				●				
10月			☆			☆		
11月			☆			⊛	●	
12月			⊛				●	
1月								

2024年2月～2025年1月

方位	北	北東	東	東南	南	南西	西	北西
2月		⊛		●				
3月					⊛			
4月		☆			☆			
5月	●				☆			
6月		☆				●		
7月								
8月	●			●	☆			
9月	●			●	⊛			
10月		⊛				●		
11月		⊛						
12月								
1月					☆			

2028年2月～2029年1月

方位	北	北東	東	東南	南	南西	西	北西
2月	☆				☆			
3月				⊛				
4月								
5月	☆			☆	☆			
6月				☆	⊛			
7月			●					
8月			●	☆				●
9月	⊛				⊛			
10月	⊛				☆			●
11月	☆				☆			
12月				⊛				
1月			●					

2025年2月～2026年1月

方位	北	北東	東	東南	南	南西	西	北西
2月	☆				●		☆	
3月								
4月							⊛	
5月	☆				☆			
6月					⊛			
7月			●				⊛	
8月			●				☆	
9月					⊛		☆	
10月	⊛				☆			
11月	☆				☆		☆	
12月							☆	
1月			●				⊛	

二黒土星の吉方位

2026年2月～2027年1月

方位	北	北東	東	東南	南	南西	西	北西
2月			☆					
3月						⊛		
4月		●	⊛			⊛	●	
5月			⊛				●	
6月		●				⊛		
7月								
8月			☆					
9月						☆		
10月						☆		
11月			☆					
12月						⊛		
1月			⊛				●	

2027年2月～2028年1月

方位	北	北東	東	東南	南	南西	西	北西
2月				⊛				●
3月						⊛		
4月						☆		
5月			●	⊛				
6月						☆		
7月				☆				
8月			●	☆				●
9月				☆		⊛		●
10月						⊛		
11月								●
12月						⊛		
1月								

2028年2月～2029年1月

方位	北	北東	東	東南	南	南西	西	北西
2月	●		☆	⊛	●			⊛
3月			☆					
4月								
5月			☆	☆				
6月				☆				☆
7月			⊛				●	
8月			⊛	⊛	●		●	☆
9月	●							
10月	●							
11月	●		☆					⊛
12月			☆					
1月				☆				⊛

2024年2月～2025年1月

方位	北	北東	東	東南	南	南西	西	北西
2月	⊛				☆			
3月	☆	☆			☆	⊛		
4月	☆	☆			☆	☆		
5月	☆				☆			
6月		⊛				☆		
7月								
8月	⊛				⊛			
9月		⊛				⊛		
10月		☆				⊛		
11月	⊛				●			
12月	☆	☆				⊛		
1月	☆				●			

2025年2月～2026年1月

方位	北	北東	東	東南	南	南西	西	北西
2月	☆		☆		●			
3月			☆					
4月								
5月	⊛		☆	●	⊛			
6月								
7月			⊛				●	
8月	⊛				☆		●	
9月					●			
10月	☆				●			
11月	☆		☆		●			
12月			☆					
1月				●				

三碧木星の吉方位

2024年2月～2025年1月

方位	北	北東	東	東南	南	南西	西	北西
2月	●			●	●			
3月	●					☆		
4月						☆		
5月								
6月		●		●		⊛		
7月								
8月								
9月		●				☆		
10月					●			
11月	●				●	⊛		
12月	●					☆		
1月								

2025年2月～2026年1月

方位	北	北東	東	東南	南	南西	西	北西
2月			☆				☆	
3月								
4月							⊛	
5月			⊛				☆	
6月								
7月			☆				⊛	
8月	●				●			
9月							⊛	
10月								
11月			☆				☆	
12月								
1月			⊛					

2026年2月～2027年1月

方位	北	北東	東	東南	南	南西	西	北西
2月				⊛				●
3月		☆		⊛		●		
4月								
5月		⊛		☆				
6月		⊛				●		
7月				⊛				●
8月			●					
9月		☆		☆				
10月								
11月								●
12月		☆		⊛		●		
1月			●					

2027年2月～2028年1月

方位	北	北東	東	東南	南	南西	西	北西
2月				●				⊛
3月						●		
4月						●		
5月			●				●	
6月				●				⊛
7月								☆
8月							●	☆
9月						●		⊛
10月			●					
11月								⊛
12月						●		
1月								☆

2028年2月～2029年1月

方位	北	北東	東	東南	南	南西	西	北西
2月			●				☆	
3月				●				⊛
4月							⊛	
5月							☆	
6月								⊛
7月			●				⊛	
8月	●			●				⊛
9月	●						⊛	
10月								
11月			●				☆	
12月				●				⊛
1月							⊛	☆

四緑木星の吉方位

2024年2月～2025年1月

方位	北	北東	東	東南	南	南西	西	北西
2月	●				●			
3月	●					☆		
4月						☆		
5月				●				
6月				●				
7月								
8月								
9月	●							
10月		●			●	☆		
11月	●				●	⊛		
12月	●					☆		
1月								

2025年2月～2026年1月

方位	北	北東	東	東南	南	南西	西	北西
2月				☆				
3月				☆				
4月								
5月				⊛				
6月								
7月								
8月	●				●			
9月	●							
10月								
11月								
12月				☆				
1月				⊛				

2026年2月～2027年1月

方位	北	北東	東	東南	南	南西	西	北西
2月				⊛			☆	●
3月				⊛				
4月						●		
5月			●				⊛	
6月						●	⊛	
7月								
8月				☆				●
9月				☆			☆	
10月							⊛	
11月							☆	●
12月				⊛				
1月								

2027年2月～2028年1月

方位	北	北東	東	東南	南	南西	西	北西
2月			●					
3月						●		
4月						●		
5月				●				
6月				●			●	⊛
7月								☆
8月							●	☆
9月								⊛
10月						●		
11月			●					
12月						●		
1月								

2028年2月～2029年1月

方位	北	北東	東	東南	南	南西	西	北西
2月				●				☆
3月				●				⊛
4月							⊛	
5月							☆	
6月								⊛
7月								
8月			●				⊛	
9月							⊛	
10月								
11月								☆
12月				●			☆	⊛
1月							⊛	☆

五黄土星の吉方位

2026年2月～2027年1月

方位	北	北東	東	東南	南	南西	西	北西
2月			☆	☆				☆
3月				☆		⊛		☆
4月		●	⊛			⊛	●	
5月		●	⊛	⊛		☆	●	
6月		●	☆			⊛	●	
7月				☆				⊛
8月			☆	⊛				⊛
9月				☆		☆		☆
10月			☆			☆	●	
11月			☆					☆
12月				☆		⊛		☆
1月			⊛				●	

2027年2月～2028年1月

方位	北	北東	東	東南	南	南西	西	北西
2月			⊛	⊛			☆	●
3月			☆			⊛		
4月						☆		
5月			☆	⊛			⊛	
6月			☆	☆		☆	⊛	●
7月			☆	☆			☆	
8月			☆	☆			⊛	●
9月				☆		⊛		●
10月			⊛			⊛	☆	
11月			⊛			☆	☆	●
12月			☆			⊛	☆	
1月				☆				

2028年2月～2029年1月

方位	北	北東	東	東南	南	南西	西	北西
2月	●		☆	⊛	●			⊛
3月			☆	☆				☆
4月			☆				●	
5月			☆	☆				
6月				☆	●			☆
7月	●		⊛				●	
8月			⊛	⊛	●		●	☆
9月	●				●		●	
10月	●				●			
11月	●		☆		●			⊛
12月			☆	☆				☆
1月			☆	☆			●	⊛

2024年2月～2025年1月

方位	北	北東	東	東南	南	南西	西	北西
2月	⊛	☆		⊛	☆			
3月	☆	☆			☆	⊛		
4月	☆	☆			☆	☆		
5月	☆			⊛	☆			
6月		⊛		☆		☆		
7月				☆				
8月	⊛			☆	⊛			
9月	⊛	⊛		☆	☆	⊛		
10月	☆	☆			⊛	⊛		
11月	⊛	☆			☆	☆		
12月	☆	☆				⊛		
1月	☆			☆	☆			

2025年2月～2026年1月

方位	北	北東	東	東南	南	南西	西	北西
2月	☆		☆		☆			
3月			☆	●				
4月			☆				●	
5月	⊛		☆	●	⊛			
6月					☆			
7月	☆		⊛				●	
8月	⊛		⊛		☆		●	
9月	☆				☆		●	
10月	☆				☆			
11月	☆		☆		☆			
12月			☆	●				
1月			☆	●			●	

六白金星の吉方位

2024年2月～2025年1月

方位	北	北東	東	東南	南	南西	西	北西
2月	☆				⊛			
3月	⊛				☆			
4月	☆				☆			
5月	●			☆				
6月				⊛				
7月				☆				
8月	⊛			☆	⊛			
9月	⊛				☆			
10月	☆				☆			
11月	☆				⊛	●		
12月	⊛							
1月	☆			☆	☆			

2025年2月～2026年1月

方位	北	北東	東	東南	南	南西	西	北西
2月				☆				
3月			●	⊛				
4月			●				●	
5月				☆				
6月								
7月							●	
8月	●						●	
9月								
10月	●							
11月								
12月			●	⊛				
1月			●	☆			●	

2026年2月～2027年1月

方位	北	北東	東	東南	南	南西	西	北西
2月				●				⊛
3月		●				⊛		
4月			⊛			⊛	●	
5月		●	⊛			☆	●	
6月		●				☆		
7月				●				⊛
8月			⊛	●				⊛
9月						☆		☆
10月			☆				●	
11月								⊛
12月		●				⊛		
1月			⊛				●	

2027年2月～2028年1月

方位	北	北東	東	東南	南	南西	西	北西
2月			⊛				☆	
3月								
4月								
5月			⊛	☆			⊛	
6月			☆	⊛			⊛	☆
7月			☆	☆			☆	☆
8月				☆				⊛
9月								
10月			⊛				☆	
11月			⊛				☆	
12月								
1月				☆				⊛

2028年2月～2029年1月

方位	北	北東	東	東南	南	南西	西	北西
2月				☆				
3月				⊛				●
4月								
5月				☆				
6月					●			
7月	●				●			
8月	●							
9月					●			
10月	●				●			
11月								
12月				⊛				●
1月				☆				●

七赤金星の吉方位

2024年2月～2025年1月

方位	北	北東	東	東南	南	南西	西	北西
2月		☆		⊛				
3月								
4月		☆						
5月				☆				
6月				⊛				
7月				☆				
8月								
9月		☆		☆				
10月	●	⊛						
11月		☆				●		
12月								
1月				☆				

2025年2月～2026年1月

方位	北	北東	東	東南	南	南西	西	北西
2月				☆				
3月			●	⊛				
4月								
5月			●				●	
6月								
7月							●	
8月				⊛				
9月							●	
10月								
11月								
12月			●	⊛				
1月				☆				

2026年2月～2027年1月

方位	北	北東	東	東南	南	南西	西	北西
2月			☆				●	
3月				●				☆
4月			⊛				●	
5月		●						
6月			☆				●	
7月				●				⊛
8月			⊛	●				⊛
9月								☆
10月								
11月			☆				●	
12月				●				☆
1月			⊛				●	

2027年2月～2028年1月

方位	北	北東	東	東南	南	南西	西	北西
2月				⊛				☆
3月								
4月						⊛		
5月				☆				
6月				⊛				☆
7月				☆				☆
8月								●
9月				☆		⊛		☆
10月						⊛		
11月						☆		☆
12月								●
1月				☆				⊛

2028年2月～2029年1月

方位	北	北東	東	東南	南	南西	西	北西
2月			⊛				⊛	
3月			☆					
4月								
5月			☆				☆	
6月								
7月	●		⊛		●		☆	
8月	●							
9月					●		☆	
10月								
11月			⊛				⊛	
12月			☆				⊛	
1月								●

八白土星の吉方位

2024年2月～2025年1月

方位	北	北東	東	東南	南	南西	西	北西
2月				⊛				
3月		☆				⊛		
4月		☆				☆		
5月				⊛				
6月		⊛		☆		☆		
7月								
8月				☆				
9月		⊛				⊛		
10月		☆				⊛		
11月								
12月		☆				⊛		
1月				☆				

2025年2月～2026年1月

方位	北	北東	東	東南	南	南西	西	北西
2月	☆		☆		●			
3月				●				
4月			☆				●	
5月	⊛		☆	●	⊛			
6月					●			
7月	☆				⊛			
8月	⊛		⊛		●		●	
9月							●	
10月								
11月	☆		☆		●			
12月				●				
1月			☆				●	

2026年2月～2027年1月

方位	北	北東	東	東南	南	南西	西	北西
2月				☆				☆
3月						⊛		
4月		●				⊛		
5月				⊛				
6月		●				⊛	●	
7月				☆				⊛
8月				⊛				⊛
9月				☆		☆		☆
10月						☆		
11月								☆
12月						⊛		
1月								

2027年2月～2028年1月

方位	北	北東	東	東南	南	南西	西	北西
2月			⊛				☆	●
3月			☆			⊛		
4月						☆		
5月			☆				⊛	
6月						☆		
7月			☆				☆	
8月			☆			●	⊛	
9月						⊛		
10月						⊛		
11月			⊛				☆	
12月			☆			⊛	☆	
1月								

2028年2月～2029年1月

方位	北	北東	東	東南	南	南西	西	北西
2月	●		☆	⊛	●			⊛
3月				☆				☆
4月			☆				●	
5月			☆	☆				
6月					●			
7月	●							
8月			⊛	⊛	●		●	☆
9月							●	
10月								
11月	●		☆		●			⊛
12月				☆				☆
1月			☆				●	

九紫火星の吉方位

2024年2月～2025年1月

方位	北	北東	東	東南	南	南西	西	北西
2月	●			☆				
3月								
4月	☆							
5月	⊛			⊛				
6月		●						
7月				☆				
8月	☆				●			
9月	☆			⊛	●			
10月	☆							
11月								
12月								
1月	☆			☆				

2025年2月～2026年1月

方位	北	北東	東	東南	南	南西	西	北西
2月								
3月								
4月								
5月	●				●			
6月					●			
7月	●							
8月				●				
9月							⊛	
10月	●							
11月								
12月							●	
1月				●				

2026年2月～2027年1月

方位	北	北東	東	東南	南	南西	西	北西
2月			⊛				⊛	
3月		⊛				●		●
4月			☆				☆	
5月		☆	☆			●	⊛	
6月		⊛	☆				⊛	
7月								●
8月								●
9月		☆					☆	
10月		☆	⊛				☆	
11月			⊛				⊛	
12月		⊛				●		
1月			☆				☆	

2027年2月～2028年1月

方位	北	北東	東	東南	南	南西	西	北西
2月			●	☆			⊛	
3月			●					
4月								
5月				⊛				
6月			●				☆	
7月				☆			☆	
8月							⊛	
9月				⊛		●		●
10月			●				☆	
11月			●			●	⊛	
12月			●				⊛	
1月				☆				●

2028年2月～2029年1月

方位	北	北東	東	東南	南	南西	西	北西
2月	⊛				⊛			
3月			●					
4月							●	
5月	☆				☆			
6月					☆			
7月	☆		●		⊛		●	
8月			●					
9月								
10月	☆				⊛			
11月	⊛				⊛			
12月			●				●	
1月							●	

STAFF

著・撮影	彌彌告、麻由古
装丁・本文デザイン・DTP制作	木村舞子（NATTY WORKS）
撮影	下村しのぶ（プロフィール、カバー裏表紙のツーショット写真）
校正	東京出版サービスセンター
構成・文	守屋美穂
編集担当	垣内裕二（イマジカインフォス）

※本書内の特にクレジット表記のない写真は、ご提供いただいた公式写真です。
※神社仏閣内などの紹介コメントは、あくまで筆者の個人的感想です。

倍運《ばいうん》になる本《ほん》

運《うん》を二倍上《にばいあ》げていくための神社旅《すぴたび》

2024年9月28日　第1刷発行

著　者　彌彌告《みみこ》、麻由古《まゆこ》

発行者　廣島順二

発行所　株式会社イマジカインフォス
〒101-0052 東京都千代田区神田小川町3-3
電話　03-3294-3136（編集）

発売元　株式会社主婦の友社
〒141-0021 東京都品川区上大崎3-1-1 目黒セントラルスクエア
電話　049-259-1236（販売）

印刷所　大日本印刷株式会社

©Baiun Mimiko&Mayuko、Imagica Infos Co., Ltd. 2024 Printed in Japan
ISBN978-4-07-460061-8

■ 本書の内容に関するお問い合わせは、
イマジカインフォス企画制作本部（電話03-3294-3136）にご連絡ください。

■ 乱丁本、落丁本はおとりかえいたします。主婦の友社（電話049-259-1236）にご連絡ください。

■ イマジカインフォスが発行する書籍・ムックのご注文は、
お近くの書店か主婦の友社コールセンター（電話:0120-916-892）まで。

＊お問い合わせ受付時間 月～金（祝日を除く）10:00～16:00

イマジカインフォスホームページ https://www.infos.inc/
主婦の友社ホームページ https://shufunotomo.co.jp/

Ⓡ 本書を無断で複写複製（電子化を含む）することは、著作権法上の例外を除き、禁じられています。

本書をコピーされる場合は、事前に公益社団法人日本複製権センター（JRRC）の許諾を受けてください。

また本書を代行業者等の第三者に依頼してスキャンやデジタル化することは、
たとえ個人や家庭内での利用であっても一切認められておりません。

JRRC〈https://jrrc.or.jp　eメール:jrrc_info@jrrc.or.jp　電話:03-6809-1281〉